El valor de la reputación

Cupón para la Biblioteca Virtual

Accede a la versión eBook de este título por solo **1,99 €**. Con la compra de este libro puedes utilizar el siguiente cupón para la lectura en *streaming** desde la Biblioteca Virtual. **Sigue estas instrucciones** para visualizar tu libro:

1. Dirígete a la web de la Biblioteca Virtual **https://ebooks.eunsa.es/library.**

2. En la web ve a **Iniciar sesión** e introduce tu email y contraseña. Si no estás registrado, deberás completar el proceso en **Registrarse.**

3. Tras registrarte, accede a la página del libro o lee el QR de esta página. Bajo el precio podrás **insertar el código oculto en el siguiente cupón** para activar la promoción.

Despegue para visualizar

Acceso directo al eBook

Canjéalo en ebooks.eunsa.es

*Con acceso a internet desde cualquier navegador.

Primera edición: 2024

© 2024.
Ediciones Universidad de Navarra, S.A. (EUNSA)
Campus Universitario · Universidad de Navarra · 31009 Pamplona · España
+34 948 25 68 50 · www.eunsa.es · eunsa@eunsa.es

ISBN: 978-84-313-3957-9
D. L. NA 1386-2024

Diseño de portada y editorial: Jokin Pagola
Diseño de gráficos: Cristina Graell
Imprime: Podiprint
Printed in Spain – Impreso en España

El valor de la reputación

Juan Manuel Mora

Índice

Introducción
El camino más corto hacia la confianza

La reputación es el camino más corto hacia la confianza. Comprender qué es, cómo se gana, se pierde y se gobierna la primera es imprescindible si queremos alcanzar la segunda.

El concepto de *reputación* está presente en muchas tradiciones y culturas. Los diccionarios de la lengua definen la reputación como "la opinión y estima en que se tiene a una persona o institución" (Real Academia Española, 2014).

En realidad, la reputación es un regalo, una percepción que se forma en la mente de quienes se relacionan con nosotros. Es calidad percibida (Naval, 2015). Y son los demás, los otros, quienes nos premian o castigan con una buena o mala reputación, basándose en su percepción –que puede ser positiva o negativa– de la calidad de nuestro trabajo.

Toda reputación lleva consigo no solo un conocimiento, sino también un juicio y una actitud sobre alguien (Davies, 2013). La historia, la literatura y el cine confirman que poseer una buena reputación es algo importante para el ser humano que vive en sociedad. La buena reputación equivale al buen nombre, al prestigio, al reconocimiento, incluso algunos llegan a decir que produce fortuna (Fombrun, 1996). La mala reputación, en cambio, corresponde a la mala fama.

En este libro proponemos un enfoque holístico de la reputación. Una teoría que nace de la experiencia, o más bien una práctica que se apoya en una teoría. Un abordaje global que establece fronteras, mapea regiones y señala las relaciones que se producen entre cada una de las partes y el conjunto. Se trata, en definitiva, de un esquema conceptual que permite profundizar en cada elemento y entender las relaciones de causa-efecto que se producen en él. Así, todo cobra sentido y tiene, a su vez, su propio sentido.

Antes de adentrarnos en el complejo mundo de la reputación corporativa, considero fundamental observarlo desde una perspectiva interdisciplinar. Esta visión integral incluye diferentes miradas: filosófica, psicológica, sociológica y lingüística (Origgi, 2018), que tendremos en cuenta a lo largo de los siguientes capítulos.

El rostro amable de la reputación

El rostro amable de la reputación es el más común. Gozar de buena reputación, tanto personal como profesional, resulta gratificante: necesitamos ser conocidos y reconocidos. La opinión de los demás nos importa, ya que valida nuestras acciones y refuerza nuestra personalidad. Cabe decir que la vida consiste en la maduración de esa personalidad, que no es algo exclusivamente individual y psicológico, sino que tiene también una dimensión social: no puede separarse de la contribución que cada individuo aporta a su comunidad. En cierto modo, la reputación es un reconocimiento de esa aportación. Las personas con una reputación positiva nos parecen fascinantes, únicas (Eisenegger, 2009).

En cambio, la ausencia de reconocimiento por parte de quienes nos rodean origina desencanto, al igual que poseer una personalidad inmadura genera frustración. Sin una buena reputación no se alcanza una vida plena. Basta pensar en la importancia de la buena fama en diversos ámbitos de la vida: en el ámbito profesional, en las relaciones sociales, en la actividad económica, en la familia o en la educación.

Según Origgi, existen dos identidades: una íntima, subjetiva, que es la forma en la que cada persona se conoce a sí misma; y otra, externa, que consiste en la imagen que los demás tienen de ella. La reputación sería "la sombra de nuestra identidad que habita la mente de los otros". El equilibrio psicológico y la integración social requieren la coincidencia de esas dos realidades: no puede existir contradicción entre cómo nos vemos y cómo nos ven.

Por lo tanto, necesitamos saber que los demás tienen una buena opinión sobre nosotros. Tan importante es, que dedicamos grandes esfuerzos a cultivar nuestra fama. Sin duda, el "qué dirán" llega a convertirse en una motivación poderosa que invita a un comportamiento honorable, acorde con las aspiraciones personales y con las expectativas que los demás alimentan sobre cada uno. Afrontar sinceramente ese proceso de búsqueda de autenticidad puede ser una fuente de crecimiento muy positiva.

El lado oscuro de la reputación

Esa misma potencia motivacional explica el "lado oscuro" de la reputación. Cuando alguien percibe que su fama se encuentra amenazada o en riesgo, puede recurrir a acciones mezquinas para defenderla, incluso causando daño a otros y a sí mismo con tal de evitar la *tragedia* de verse privado del buen nombre. Se llega a pensar que la reputación se sitúa por encima de todo lo demás, que su valor justifica cualquier cosa que hagamos para protegerla, aunque no se respete la justicia, la verdad o la dignidad de las personas.

Hablando de tragedias, podemos recordar en este contexto los versos de *Otelo* de Shakespeare en los que Casio exclama: "¡reputación, reputación, reputación! ¡Ay, he perdido mi reputación! He perdido la parte inmortal de mi ser, y lo que queda es bestial" (Shakespeare, 1603). Aquí, en este registro dramático, la reputación es la parte inmortal de uno mismo.

Porque, para muchos –y no solo para personajes de ficción–, perder la reputación es incomparablemente más doloroso que renunciar a sus posesiones materiales. Quien se ve despojado de su buena fama, siente que lo pierde todo. Y ese sentimiento de pérdida provoca a su vez pena, tristeza, rebeldía... y, después, comportamientos negativos sorprendentes.

Pero no solo las personas, también las organizaciones pueden incurrir en esas conductas impropias. Con tal de mantener las apariencias a toda costa, son capaces de ocultar, de mentir, o incluso de delinquir.

Otra manifestación del "lado oscuro" de la reputación es la tentación de manipular. Quien sabe cómo se crea la reputación –mediante el envío de determinadas señales que los demás interpretan positivamente–, puede caer en la trampa de emitir señales falsas que no responden a la verdad, pareciendo honesto sin serlo en realidad. Al final es cierto lo que dicen: "nada causa peor impresión que intentar causar buena impresión". Por no hablar de manipulaciones más retorcidas...

Uno de los aspectos negativos a nivel institucional que cabe en este terreno es el abuso de poder. Por ejemplo, un caso llamativo de medición de la reputación controlada por el estado es el *Citizen Score*, un sistema que sigue el comportamiento de los ciudadanos chinos en el uso de las tarjetas de crédito, los contactos, las lecturas, las páginas web visitadas e incluso las compras *online* (Browning, 2017). En función del comportamiento de los ciudadanos, el gobierno da una puntuación a cada uno, algo así como un *ranking* de reputación personal, que permite acceder o no a universidades, puestos de trabajo, créditos, seguros, vivienda, etc. No es difícil imaginar las temibles consecuencias para la libertad que puede tener el mal uso de este sistema.

Por esta doble cara –una amable y otra oscura–, se comprende que la reputación sea una palabra de fama ambivalente. Aunque es un concepto humano en principio positivo, puede inducir a la manipulación para conseguir fines ilícitos. De ahí la importancia de una aproximación crítica, que se pregunte por el qué y el cómo de la reputación, pero que no deje de indagar sobre el porqué y el para qué de este valor (Eisenegger, 2009).

Quizá lo dicho hasta aquí sobre la relevancia de este intangible en el terreno personal, profesional y social pueda ser suficiente para justificar el interés de una mirada más cercana a la reputación.

Capítulo 1
¿En qué consiste la reputación?

El sentido común de la reputación

Para bien y para mal, la vida nos enseña que la reputación propia y ajena influyen hondamente en la toma de decisiones: votamos a políticos que nos merecen respeto, compramos productos y servicios que nos generan confianza... En definitiva, elegimos aquello que valoramos.

Al final, la reputación constituye una forma de conocimiento cualificado y establece un código de relación social. Es, sin duda, una forma de conocimiento, puesto que ese único elemento nos ayuda a distinguir a unas personas de otras: se convierte en un *proxy*, especialmente necesario cuando falta información directa, existe incertidumbre o amenaza un riesgo. La buena reputación es un aval, una cierta garantía que reduce la incerteza y aporta seguridad en nuestro modo de conocer (Browning, 2017).

En el ámbito económico se habla de "asimetrías de información", lo que se entiende por situaciones en las que la reputación tiene un papel importante: por ejemplo, cuando el médico dispone de mucha más información que el paciente acerca de un medicamento; o un periodista más que un lector; o un profesor más que un estudiante. La reputación es especialmente necesaria en esos casos: la reputación del especialista ayuda al paciente, al lector, al estudiante, a compensar la asimetría.

La reputación es también un código de relación social, porque ese solo elemento orienta acerca de los vínculos que se deben escoger y aquellos que conviene evitar. Algo relevante en el mundo interconectado en el que vivimos, que nos pone frecuentemente en relación con desconocidos. También en sentido social, la reputación actúa como *proxy*.

Según Origgi, no podemos vivir sin reputación, "sin ese formidable sistema que sirve para confrontar mi yo con su reflejo en la sociedad y para reordenar el modo en que nos vemos a nosotros mismos como respuesta al modo en que los demás nos ven. Seríamos como esos cantantes que no pueden oír su voz durante un concierto, por un problema con los micrófonos y los altavoces. Están perdidos".

El sentido profesional y económico de la reputación

La *reputación* ha pasado de ser una palabra de uso común (como lo son *fama*, *prestigio* o *estima*), a convertirse en un término con valencia profesional, también en el ámbito de la empresa, la economía y la opinión pública.

Algo parecido sucedió en su momento con la palabra *calidad*, o más recientemente con *innovación* o *emprendimiento*. La investigación académica y las prácticas profesionales ayudaron a redescubrir la riqueza de contenido de esos conceptos y demostraron su potencialidad en la gestión de las organizaciones. Actualmente son términos llenos de sentido. Con la reputación ocurre algo similar.

La evolución reciente de la sociedad ha convertido la reputación en un valor en alza, como señalan numerosos autores (Alloza, 2012; Carreras *et al.*, 2014; Jensen, 2017). Es un símbolo que sintetiza muchos otros. De hecho, algunos autores hablan de ella como el concepto *paraguas* (Chun, 2005; Origgi, 2018). La reputación, vale decir, resume intangibles como la legitimidad, la credibilidad o la relevancia, entre otros.

Existen diferentes razones para explicar el auge de la reputación. Alloza menciona factores como: las crisis, la internacionalización de las empresas, la búsqueda de una diferenciación sostenible, la vinculación de las marcas a la reputación de sus países de origen, la divulgación de los *rankings*, la nueva cultura digital, la visión *multistakeholder* y el compromiso social de las empresas (Alloza, 2012). Estos y otros elementos han puesto en evidencia la importancia de la reputación.

Por su parte, Halpern se refiere a cuatro "transformaciones sociales" que han favorecido este fenómeno: la revolución de las expectativas de los ciudadanos, la revolución digital, el aumento del escrutinio público y la fragmentación del poder. Estas mutaciones, generalmente ignoradas, han vuelto vulnerables a las empresas y les han obligado a prestar atención a los intangibles (Halpern & Lobos, 2018).

En la misma línea de los autores citados, analizaremos algunos elementos del contexto actual que han hecho crecer la importancia de la reputación y de la confianza, como son los nuevos hábitos de comportamiento, los nuevos valores imperantes y las nuevas demandas sociales.

Nuevos hábitos

Nuestra sociedad está instalada en algunas contradicciones con las que convive pacíficamente. La tecnología y la cultura digital han construido nuevos caminos de acceso a la información y nuevos modos de relación entre personas. Y, por ello, han surgido hábitos y costumbres humanas que asientan su base en la confianza.

Amazon, eBay, Booking y Airbnb son algunos de los mercados virtuales más destacados que ofrecen sus productos garantizando la reputación de los vendedores. Google –algo así como una biblioteca universal– presenta la información estableciendo *rankings* de relevancia de acuerdo con la fiabilidad de las fuentes. Empresas como Uber o TripAdvisor se apoyan en la transparencia con la que gestionan la satisfacción de sus clientes. Asimismo, el éxito de Linux o Wikipedia es fruto del trabajo colaborativo de sus usuarios.

Nuestras formas de viajar, de movernos, de comprar, se apoyan en un conocimiento abierto y compartido, donde la buena reputación sirve para adquirir la licencia de operar. Para Origgi, la web crea un "inmenso sistema de *rankings* y de *ratings*", de manera que la reputación se convierte en "parte esencial de la inteligencia colectiva digital".

Cuando alguien defrauda la confianza, desaparece de las plataformas digitales a gran velocidad (no puede vender en eBay, aconsejar en TripAdvisor o editar en Wikipedia). En algunos casos, la traición de la confianza crea problemas a mayor escala, como son las falsas noticias, el uso ilegal de datos personales u otros fraudes que reclaman la intervención de los reguladores.

La confianza, por tanto, es lo que algunos autores entienden como un puente seguro entre lo conocido y lo desconocido, por debajo del cual pasa el río de la incertidumbre (Browning, 2017). Las nuevas formas de conocimiento y relación solo sobreviven en un "ecosistema de reputación".

Nuevos valores

La cultura digital –con sus nuevas formas de conocimiento y relación–, junto con otras tendencias culturales muy extendidas, actúan como aceleradores de diversos cambios sociales. Actualmente, los movimientos sociales y culturales nacen, crecen y maduran a más velocidad y con mayor amplitud que en el pasado.

Los valores que de ellos surgen pueden ser entendidos como conceptos o creencias sobre estados finales o deseables, que trascienden situaciones específicas, guían la evaluación o selección de conductas o sucesos y están ordenados por importancia relativa (Schwartz & Bilsky, 1987).

A través de los cauces digitales –que no conocen fronteras–, se están extendiendo nuevos valores como la sensibilidad medioambiental, el rechazo de la discriminación, la búsqueda de la equidad o la relevancia de la ética. Valores que han llegado a ser universales y que establecen nuevos criterios de legitimidad y de credibilidad.

Cuando las organizaciones no conocen o no respetan los valores imperantes, se producen conflictos difíciles de gestionar. Las consecuencias son relevantes, puesto que pueden llegar a perder la licencia de operar.
Por lo tanto, las organizaciones han de aprender a navegar en entornos cambiantes, manteniendo su buena reputación y asegurando su sostenibilidad.

Nuevas demandas

Vivimos en una especie de casa de cristal donde todo se ve. La transparencia no es una opción, sino una característica, para bien o para mal, de nuestra sociedad. Como señala Halpern, hoy día "todo se graba, todo se filtra, todo se sabe" (Halpern & Lobos, 2018).

Y, como todo se acaba sabiendo, la opinión pública se vuelve cada vez más exigente y reclama estándares más altos de responsabilidad, en el marco de los nuevos valores que acabamos de mencionar. Podríamos añadir que "todos conocen, todos opinan, todos juzgan".

Es el triunfo de la *accountability*: nadie queda fuera del escrutinio. Se ha establecido un sistema abierto de valoración que corre en paralelo con los sistemas mediático, judicial y político, y que interactúa a su vez con ellos.

Cuando se hace pública una conducta irregular, la opinión pública, dinamizada por las redes sociales, rápidamente juzga e incluso sentencia, como si de un tribunal se tratase. Los jueces y los políticos –en no pocas ocasiones– entran a realizar su función solo después, cuando la opinión pública ya está formada y extendida.

No obstante, si lo vemos desde una perspectiva más positiva, la sociedad no solo actúa para condenar, sino que también reconoce y premia las acciones de servicio, siempre que sean auténticas y expresen el deseo de las organizaciones de contribuir al bien común.

◇◇◇◇◇◇◇◇◇◇◇◇◇◇◇◇◇◇◇◇◇◇◇◇◇◇◇

Hemos resumido algunos factores de contexto que están modificando nuestros modos de conocer, relacionarnos y convivir: nuevos hábitos, nuevos valores, nuevas demandas. Sin duda, se podrían mencionar muchos otros que han influido en el auge de la reputación. Pero probablemente encontraríamos un denominador común: en el mundo que habitamos –digital, abierto, global, inabarcable, transparente, instantáneo, exigente–, la confianza se convierte en elemento imprescindible de la convivencia o incluso de la supervivencia. Y el valor de la reputación se multiplica.

Hay quien dice que las "nuevas monedas de cambio" de nuestra sociedad son la reputación (Jsensen, 2017) y la confianza (Browning, 2017).

El valor tangible de la reputación

Además de estos factores, hay que reconocer que el valor tangible asociado a la buena reputación es sin duda otra de las razones del auge de este concepto. La experiencia confirma que la reputación tiene efectos directos sobre el comportamiento de los clientes.

La reputación siempre ha sido un valor interesante para las empresas, pero últimamente se ven más claros los beneficios tangibles que aporta a la cuenta de resultados. Concuerdo con esta enumeración de beneficios intangibles realizada por algunos autores (Carreras *et al.*, 2014) y que se refiere sobre todo a la relación con los clientes:

> › mayor tendencia a la fidelización;
> › mayor recomendación;
> › más impacto de las acciones comerciales;
> › mayor barrera de entrada para la competencia;
> › mayor insensibilidad al precio (se admite el *premium*);
> › mayor confianza que disminuye la incertidumbre.

Algo similar sucede con los demás *stakeholders* (inversores, reguladores, medios de comunicación, etc.). Las consecuencias de la posesión de este bien intangible acaban siendo tangibles: retornos económicos, crecimiento de la actividad, disminución de los riesgos... Jan Sadlak, quien fuera por años el presidente de IREG (el observatorio internacional de *rankings* universitarios), lo expresa de este modo: "la reputación es un activo intangible, con resultados tangibles" (Sadlak, 2015).

Las empresas con buena reputación son más sostenibles, más rentables, más estables (Davies, Chun, da Silva, & Roper, 2004). Las consecuencias positivas de la buena reputación justifican el interés que despierta. Reputación ha dejado de ser un término vago y se ha convertido en un valor "deseado" por los CEO.

Por todas estas razones, algunas esperanzadoras y otras inquietantes, Origgi ha llegado a decir que hemos pasado de la sociedad de la información a la sociedad de la reputación. Ya solo cuenta la información que está contrastada, validada, y solo influyen las fuentes que ofrecen garantías.

Quien quiera desempeñarse con éxito en este nuevo contexto no puede quedarse en formas de trabajo propias del pasado. Aprender a gestionar los recursos intangibles ha llegado a ser tan importante como administrar los recursos tangibles. Por eso podemos preguntarnos: ¿cuándo empezaron las empresas a darse cuenta de que la reputación importa?

Dos fechas, dos hitos y dos lecciones

En el proceso de entendimiento de la reputación influyen numerosas circunstancias. Sin embargo, mirando hacia atrás, es importante destacar dos fechas que representan dos hitos significativos de los que se pueden extraer lecciones memorables: 1996 y 2001.

Año 1996: cuando los CEO descubrieron lo que de verdad importa

Es el año de la publicación del libro de Charles J. Fombrun: *Reputation: Realizing value from the corporate image* (Fombrun, 1996). El autor era entonces profesor de la Escuela de Negocios de la Universidad de Nueva York. En sus estudios anteriores había analizado las características de las empresas con mejor reputación del mundo, a partir de la lista de las 500 compañías más admiradas que, desde 1988, publicaba todos los años la revista *Fortune*. De hecho, muchos afirman que ese *ranking* actuó como desencadenante de los estudios de reputación: planteó la necesidad de analizar con rigor la metodología de esas clasificaciones, las cuales demostraron tener una gran influencia (Fombrun & Shanley, 1990).

En su investigación, Fombrun identificó los factores que tenían en común las empresas más admiradas y los elementos constitutivos de la reputación, partiendo de la realidad lograda por esas compañías. Con el tiempo, las averiguaciones de Fombrun fueron tomando diferentes formas: *Reputation Quotient, Reputation Track, Reputation Pulse*. Estos son modos de definir, medir y dar seguimiento a la reputación de una empresa.

Después de la publicación del libro en 1996, un grupo de empresas multinacionales españolas, agrupadas actualmente en Corporate Excellence-Centre for Reputation Leadership, colaboró con Fombrun en el desarrollo del modelo del *RepTrack*, dando así un impulso decisivo al proyecto.

A los efectos que nos interesan aquí, vale la pena destacar que Fombrun distinguió siete *drivers* de la reputación, que pueden ser medidos mediante un conjunto de 21 indicadores. Estos impulsores son: calidad del producto o servicio, estabilidad financiera, buen gobierno, buen lugar de trabajo, liderazgo, innovación, responsabilidad (Ponzi, Fombrun, & Gardberg, 2011). Con sus descubrimientos, Fombrun permitió transformar la investigación académica en un modelo práctico de medición y gestión de la reputación de cualquier empresa (Carroll, 2013).

Con ese esquema como base, Charles Fombrun y otros colegas fundaron el Reputation Institute, centro de referencia internacional tanto desde el punto de vista del conocimiento como de la consultoría. Es evidente que la vida del instituto ha tenido sus vicisitudes, pero no son del caso. Aquí lo mencionamos como elemento catalizador del interés por la reputación.

Los trabajos de Fombrun han sido frecuentemente citados y han dado origen a toda una corriente de investigación significativa. Aumentaron de manera exponencial las publicaciones académicas, así como las actividades de consultoría. En 1997 surgió la publicación especializada *Corporate Reputation Review*. Por lo tanto, al ponderar la influencia de este autor, podemos afirmar que tanto los directivos de las empresas como los profesionales de la comunicación estratégica le deben un reconocimiento sustancial.

Lección 1: la aportación de la comunicación a la empresa

Los presidentes y CEO no suelen tener dudas acerca de la relevancia del *marketing* y las ventas, pero a menudo no perciben con claridad la necesidad de la comunicación. La conciben como algo difuso, vago y prescindible, que no aporta valor excepto como apoyo a las ventas, "muro defensivo" ante medios hostiles y solución de emergencia para las crisis. Esta discusión se ha prolongado a lo largo de muchos años y, en algunas empresas, permanece abierta todavía.

Durante décadas, los directores de comunicación o relaciones públicas se habían esforzado por hacer entender a sus jefes el carácter estratégico de la comunicación, así como la importancia de invertir en esas actividades.

Los estudios de Fombrun cambiaron, en mi opinión, los términos del debate. A partir de 1996, los empresarios han entendido mejor que los valores intangibles generan resultados tangibles: con buena reputación, la empresa, institución o partido va bien (consigue clientes o votos); con mala reputación, va mal. Numerosos directivos han comprendido también la función de los departamentos de comunicación, que ayudan de forma decisiva a crear, mantener, recuperar y hacer crecer ese patrimonio intangible.

Por otra parte, desde 1996, los profesionales de la comunicación estratégica han aprendido a trabajar mirando más a los resultados y a las métricas (Macnamara, 2018). Han procurado vincular de modo más claro las estrategias de comunicación con los resultados del negocio. Es decir, que se preocupan sobre todo de lo que aportan, sin quedarse en los aspectos meramente técnicos o creativos de su trabajo.

Sucede algo parecido con los profesionales que trabajan en departamentos financieros: en principio conocen las normas de la contabilidad, las siguen correctamente y saben cómo interpretar los movimientos de los mercados. Todo eso se da por supuesto. El indicador por el que se les evalúa es el de los resultados financieros, la contribución real a la empresa. De manera similar, en la actualidad, también los departamentos de comunicación son evaluados por su aportación de valor intangible, el cual se traduce en resultados tangibles.

Por lo tanto, el año 1996 es clave en la toma de conciencia de la importancia de la reputación. De hecho, un año antes se publicó otro libro que ha tenido notable influencia: *Trust*, de Francis Fukuyama (Fukuyama, 1995). Este autor mostró la importancia de la confianza en la construcción del "capital social", que es fuente de prosperidad para los países. Los problemas de confianza generan conflictos sociales y comprometen la prosperidad.

Confianza y *reputación*, dos conceptos que han ganado relevancia en los últimos años, de modo paralelo. Volveremos más adelante a ver qué tienen en común y qué los distingue.

Año 2001: la desaparición de Andersen Consulting

A comienzos de siglo tuvo lugar la crisis de Enron, una empresa energética de Estados Unidos que, en ese momento, contaba con unos 21.000 empleados. Esa crisis provocó la desaparición de Arthur Andersen, una auditora de referencia internacional. No fue una dificultad económica lo que condujo a la ruina a esas dos compañías, sino más bien un problema de reputación.

Enron había actuado de modo fraudulento, realizando sobornos para conseguir contratos en diferentes países. Y la hasta entonces prestigiosa auditora accedió a maquillar las cuentas para ocultar los delitos. Para muchos, este caso se ha convertido en la cultura popular norteamericana en símbolo del "fraude empresarial planificado".

Esta crisis demostró que el valor de los intangibles no es en absoluto "incalculable". Su valor es tan significativo como el de la propia empresa, hasta el punto de que la pérdida de su reputación puede llevar a la desaparición de la compañía.

Desde entonces, hemos conocido episodios similares en los que empresas o instituciones ven peligrar su supervivencia por una crisis de reputación. El ser humano es el único que tropieza dos veces en la misma piedra.

Según Halpern, la codicia de algunos es insaciable. Las crisis han afectado a bancos, partidos políticos, entidades religiosas y países enteros, y como resultado ha disminuido mucho la confianza en las instituciones. Así lo confirman los barómetros publicados por Edelman año tras año.

Botsman piensa que la pérdida de confianza en las instituciones se debe a tres factores: la falta de *accountability*, el declive de las élites y de la autoridad, y los ambientes cerrados, casi guetos, en los que se han aislado muchas de ellas.

Pero también es cierto que, desde 2001, las compañías y los directivos saben qué es lo que está en juego. De hecho, muchas organizaciones han introducido mejoras y establecido reformas con el fin de proteger su reputación. Aunque no de modo generalizado, la era de la reputación ha comenzado en el mundo de las empresas.

Desde el punto de vista académico, Fombrun investigó acerca de la formación de la reputación y ofreció un sistema para medirla. Y, desde el punto de vista práctico, Enron y Arthur Andersen mostraron cómo se esfuma la reputación y cuánto cuesta perderla.

El libro de Fombrun ayudó a cambiar la mentalidad de los directivos y de los responsables de comunicación. ¿Sucedió algo parecido con motivo del caso de Enron y Arthur Andersen? ¿Hemos aprendido algo más?

Lección 2: para mejorar la reputación hay que mejorar la realidad

Hay un aprendizaje que se puede resumir en pocas palabras: el caso Enron demostró que las crisis de reputación no son crisis de comunicación, sino de comportamiento. La comunicación no es el problema ni tampoco la solución, al menos no la única ni la principal.

Como ha señalado Halpern, "poner el foco en la comunicación es más fácil. A las empresas y sus ejecutivos les resulta indoloro admitir que las cosas se comunican mal, pero se hacen bien. Es más difícil reconocer que las cosas se están haciendo mal" (Halpern & Lobos, 2018).

Pensar que para mejorar la reputación hay que mejorar la comunicación (que todo se arregla si la organización "se explica mejor"), sería una respuesta equivocada al problema. Porque prácticamente todas las crisis reputacionales tienen un origen común: comportamientos incorrectos que se ocultan a la opinión pública y que finalmente son descubiertos y rechazados por ella.

Por tanto, si el problema es la conducta, la solución es cambiarla. Es más, modificar solo la comunicación sería una operación de maquillaje que merecería una segunda condena por parte de la opinión pública.

De hecho, hay autores que piensan que la gestión de la reputación no debería depender de los departamentos de comunicación, para no llevar a engaño a los altos directivos que podrían caer en la tentación de resolver problemas de comportamiento corporativo con acciones de comunicación o *marketing* (Jsensen, 2017).

También es cierto que la comunicación bien llevada puede servir como "vacuna" contra los comportamientos irregulares, sobre todo en una situación de trabajo ordinario, no de crisis. Aquí reside el valor de la transparencia: cuando una organización se compromete sinceramente con la rendición de cuentas y con la transparencia interna y externa –hacia dentro de la organización y hacia fuera de ella–, la atmósfera que se crea preserva de conductas incorrectas.

La pauta que marca la transparencia es que "solo se puede hacer lo que se puede contar". Recuerdo un sabio directivo que al empezar una reunión delicada anunciaba a sus miembros: "que lo que salga de aquí se pueda publicar en el periódico". La transparencia tiene una gran potencia ética, sobre todo por su función preventiva.

◇◇◇◇◇◇◇◇◇◇◇◇◇◇◇◇◇◇◇◇◇◇◇◇◇◇

Hasta ahora hemos mencionado algunos factores de contexto que han colaborado a extender la conciencia del alcance de la reputación. Hemos visto también que la investigación académica y la proliferación de las crisis han confirmado ese valor, especialmente en el ámbito de las empresas.

Añadamos a continuación algunas consideraciones que nos conducirán a una definición más concreta del término.

Cuatro puntos cardinales de la reputación

Al iniciar estas páginas, hemos hecho referencia a la definición de *reputación* según el Diccionario de la Real Academia Española como "opinión y estima que se tiene de algo o alguien". Esta concepción también se encuentra presente en otros idiomas. Sin embargo, antes de adentrarnos en una definición más detallada, es importante reflexionar sobre cuatro realidades que sirven como puntos de referencia y nos ayudan a comprender la reputación: los intangibles, las actitudes, el contexto y los *stakeholders*.

Figura 1
Puntos de referencia de la reputación

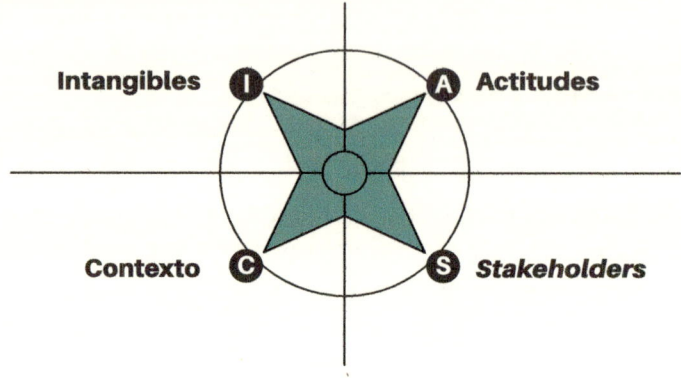

Intangibles

Se puede entender la *reputación* como un sumatorio de intangibles (positivos, negativos o neutros) que se atribuyen a una persona u organización (Klewes & Wreschniok, 2009).

Como dice el diccionario, un *intangible* es "algo que no puede o no debe tocarse" (Real Academia Española, 2014) y que se opone a *tangible*, esto es, "aquello a lo que se accede con el sentido del tacto". Es un adjetivo que adquiere su pleno sentido cuando se asocia a sustantivos como cualidad o valor.

Cualidad es el "elemento o carácter distintivo de la naturaleza de alguien o algo", o la "calidad, condición o naturaleza de algo o de alguien" (*ibíd.*). *Valor* es la "cualidad que poseen algunas realidades, consideradas bienes, por la cual son estimables", también el "grado de utilidad o aptitud de las cosas para satisfacer las necesidades o proporcionar bienestar o deleite", o el "alcance de la significación o importancia de una cosa, acción, palabra o frase" (*ibíd.*).

Es intangible la amistad, en cuanto valor. Del mismo modo, cuando decimos "no toques a la familia", nuestro propósito es proteger algo intangible. En ambos casos, nos referimos a cualidades o valores atribuidos a personas u organizaciones.

Los intangibles tienen relación con los "atributos de marca", cualidades que evocan el nombre de una organización determinada. En este punto deberíamos establecer una posible distinción entre *marca* y *reputación*, para evitar posibles confusiones.

Aunque la exposición podría ser más extensa, cabe decir que la *marca* es la "promesa", el conjunto de valores intangibles que una empresa quiere proyectar: aquellos por los que desea ser reconocida y con los que se quiere comprometer. La marca es la "señal que se hace o se pone en alguien o algo, para distinguirlos, o para denotar calidad o pertenencia". *Reputación*, en cambio, sería el conjunto de atributos por los que una organización de hecho es reconocida desde fuera.

Si usáramos la palabra *imagen* (que, como veremos, no es exacta en este contexto pero ahora nos puede servir), la marca sería la imagen deseada y proyectada; la reputación, la imagen percibida.

Establecida la distinción entre "promesa" y "resultado", hay que añadir que los conceptos de marca y reputación tienen una clara influencia mutua: la promesa genera expectativas, la expectativa condiciona la experiencia y la experiencia influye en la reputación formada. Y, a su vez, la reputación genera expectativas en quien no ha tenido todavía la experiencia de la marca.

En todo caso, la importancia de la reputación aumenta cuando la consideramos "sumatorio" de intangibles, esto es, síntesis de muchos otros: legitimidad, credibilidad, honestidad, competencia, calidad. Un símbolo unificador, similar en ese sentido a la marca.

Veamos ahora algunos ejemplos de los intangibles que diferentes autores vinculan a la reputación.

Ya hemos mencionado que Charles J. Fombrun propuso un *set* de siete elementos (*drivers*) cuya concurrencia conforma la reputación de las empresas más admiradas del mundo (Fombrun, 1996).

Por su parte, Davies propone una relación de atributos siguiendo la analogía de la persona. Según él, también una marca puede ser calificada como "agradable, innovadora, eficiente, estable". Esta tipología de valores, que tiene carácter muy intuitivo, es una buena herramienta para la gestión (Davies, 2013).

A título de ejemplo, también podemos mencionar los intangibles propios de las universidades. Antes, vale la pena recordar que esas instituciones desarrollan tres tipos de actividades (docencia, investigación y transferencia), a las que habría que añadir las propias de cualquier organización (institucionales o corporativas). Con este marco, los valores que se suelen asociar a la reputación de una universidad podrían resumirse en los trece siguientes (Figura 2).

Figura 2
Los 13 intangibles de las universidades

 Calidad de
la docencia

 Innovación,
atractividad y
distinctiveness

 Calidad de
la investigación

 Internacionalidad
y participación
en redes

 Alcance de la
contribución
a la sociedad

 Estabilidad
económica
y financiera

 Experiencia de
los empleados

 Ética,
responsabilidad
y ciudadanía

 Equidad en
el acceso a
los recursos

 Liderazgo y
buen gobierno

 Experiencia
enriquecedora
de los estudiantes

 Transparencia
y comunicación

 Empleabilidad
de los graduados

Estos intangibles pueden conseguirse por el valor histórico acumulado del desempeño (las universidades más antiguas) o por un trabajo destacable en instituciones más recientes. Lo mismo sucede en otro tipo de instituciones: el factor histórico es altamente relevante.

Al contrastar las distintas propuestas –fruto de la investigación y de la experiencia–, puede decirse que no hay una forma unívoca de enumerar los elementos intangibles de la reputación: depende de muchos factores. Pero hay cinco valores que son frecuentemente citados y que podríamos considerar imprescindibles para la reputación: competencia, honestidad, conectividad, comunicación y responsabilidad.

Figura 3
Los 5 intangibles imprescindibles de la reputación

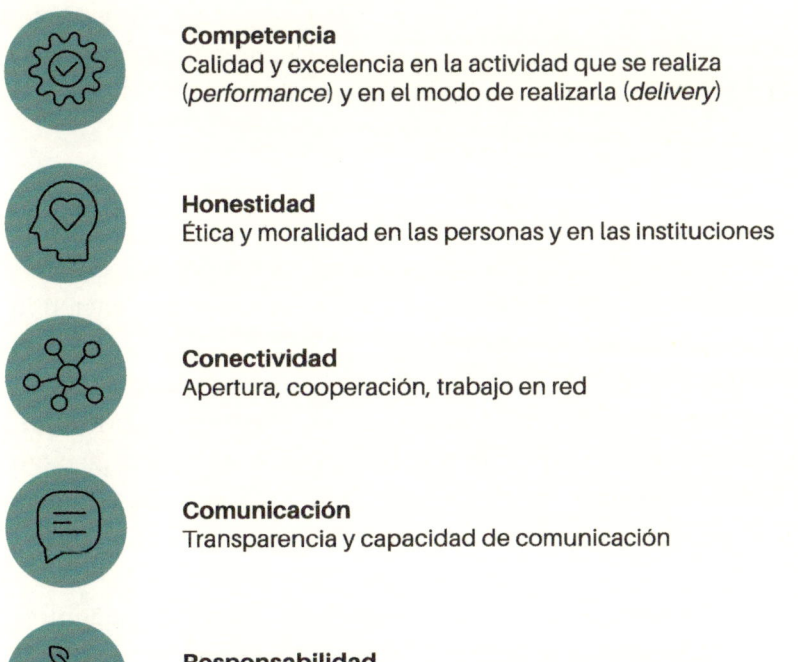

Competencia
Calidad y excelencia en la actividad que se realiza (*performance*) y en el modo de realizarla (*delivery*)

Honestidad
Ética y moralidad en las personas y en las instituciones

Conectividad
Apertura, cooperación, trabajo en red

Comunicación
Transparencia y capacidad de comunicación

Responsabilidad
Contribución al entorno, ciudadanía, sostenibilidad

Dentro de cada uno de estos aspectos se pueden agrupar muchos de los intangibles mencionados por distintos expertos (Thompson, 2009). Y, por otro lado, este esquema se podría declinar según sectores, países, culturas o momentos.

En todo caso, los intangibles se apoyan en elementos objetivos, que son la base de la reputación. De hecho, como se ha dicho, algunos autores identifican la reputación con "calidad percibida" (Naval, 2015): la calidad real, objetiva, que es reconocida como tal por parte de terceros.

Younger distingue dos tipos de reputaciones: la que se refiere a la *capacidad* de hacer algo y la que tiene que ver con la *personalidad* de la organización. En la primera se sitúan los intangibles relacionados con la calidad, excelencia, liderazgo, eficiencia, etc.; y, en la segunda, los que afectan al modo de actuar, como honestidad, benevolencia, servicio, etc. La primera depende mucho de los sistemas, las estructuras, la organización; mientras que la segunda depende de las personas.

Según este autor, cuesta mucho adquirir la buena reputación en cuanto a capacidad, pero después es muy estable y difícil de perder. En cambio, la reputación relativa a la personalidad es más volátil, un comportamiento irregular puede borrar de la memoria las buenas acciones realizadas.

Stakeholders

Antes de que ese "sumatorio" de intangibles llegue a la opinión pública de modo general, ha tenido que forjarse en el seno de los grupos de personas que se relacionan con ella. Los *stakeholders* atribuyen a la organización la primera reputación o reputación original.

Recordemos que los *stakeholders* son grupos de personas que tienen un tipo de relación particular con la organización (Freeman, 2009): son aquellos cuyas decisiones o comportamientos influyen en la organización; y aquellos en quienes influyen las decisiones de la organización. De esta visión nace el *stakeholder management* como enfoque directivo (Gutiérrez-García, 2010).

En el ámbito de la comunicación se han empleado conceptos que presentan cierta similitud, como la segmentación de sectores de mercado (en el *marketing* y la publicidad) o la diferenciación de públicos (en el ámbito de la comunicación de las organizaciones). Son diferentes enfoques que señalan a la misma realidad: la necesidad de distinguir las personas o grupos homogéneos de personas con las que se relacionan las organizaciones, desde el punto de vista económico, comunicativo, o del tipo que sea.

Cada *stakeholder* tiene una forma única de interactuar con la organización. Todos desempeñan un papel importante y tienen expectativas y necesidades específicas que deben ser consideradas y atendidas. Estos *stakeholders* pueden incluir clientes, empleados, proveedores, accionistas, comunidades locales y otros actores relevantes para la organización. Comprender las diferentes formas en que cada *stakeholder* interactúa con la organización es fundamental para establecer relaciones sólidas y construir una reputación fuerte en cada uno de estos ámbitos.

Figura 4
Los *stakeholders* tienen diferentes relaciones con la organización

A Expectativas distintas y que pueden entrar en conflicto

B Informaciones sobre la realidad de la organización

C Experiencias de trabajo, consumo o relación

D Percepciones, opiniones y juicios

E Entornos en los que viven y que les influyen

F Actitudes respecto a la organización

En definitiva, cada grupo de interés se forma una idea distinta de la organización. Por esa razón se suele decir que las organizaciones no tienen una, sino múltiples reputaciones, las que pertenecen a cada uno de los *stakeholders* (Devers *et al.*, 2009; Schein, 2004).

Esa visión 360° implica una identificación clara de los grupos de interés, un reconocimiento del tipo de vínculo que corresponde a cada uno y un respeto por el papel que juegan en la vida de la organización.

Especialmente importante es la vinculación con los grupos primarios, aquellos que de algún modo forman parte de la organización, como son los empleados, los inversores y los clientes, sin minusvalorar la relación con los secundarios, como son los reguladores, la competencia o los periodistas, que aunque se mueven en un círculo relativamente más lejano pueden ser también críticos para la organización.

A modo de ejemplo, cabe recordar la relación de *stakeholders* de las universidades, agrupados en esas dos categorías y divididos a su vez en dos grupos, en función de la naturaleza del vínculo.

En realidad, una visión *multistakeholder* (Gregory, 2010) puede llevar incluso a modificar el modelo de negocio, porque ayuda a entender que no solo hay que estar orientados al cliente, sino que hay que estar orientados a todos los grupos de interés.

Desde un punto de vista negativo, se ha dicho que las conductas irregulares que suelen causar crisis reputacionales implican un enfoque reduccionista: por ejemplo, en los orígenes de la crisis económica de 2008 se observa la preocupación de los bancos por un solo *stakeholder*, el inversor, en perjuicio de los clientes y de la sociedad; eligiendo un único objetivo, los beneficios económicos; y un criterio exclusivo, el corto plazo.

Un enfoque adecuado de las relaciones implica una actitud de respeto a esas personas o grupos de personas. De la consideración procede la escucha, la participación y la relación mutuamente enriquecedora entre las partes.

En resumen, la reputación es un concepto articulado, por la variedad de *stakeholders* a los que afecta y por la diversidad de intangibles que agrupa. Por esa razón importa mantener la visión de conjunto. Es decir, hay que aspirar –en la medida de lo posible– a que todos los *stakeholders* tengan percepciones positivas, en todos los aspectos de la actividad de la organización.

Y no solo percepciones, sino algo más profundo y estable, como veremos en el siguiente punto.

Actitudes

Cuando las personas acuden a los "puntos de contacto" de una organización, es decir, cuando comprueban de qué manera actúa, van acumulando percepciones, positivas o negativas, y se van formando una opinión. Recordemos la definición de *reputación* que propone el diccionario: "opinión o estima que se tiene de alguien o de algo".

Figura 5
Los 13 *stakeholders* de las universidades

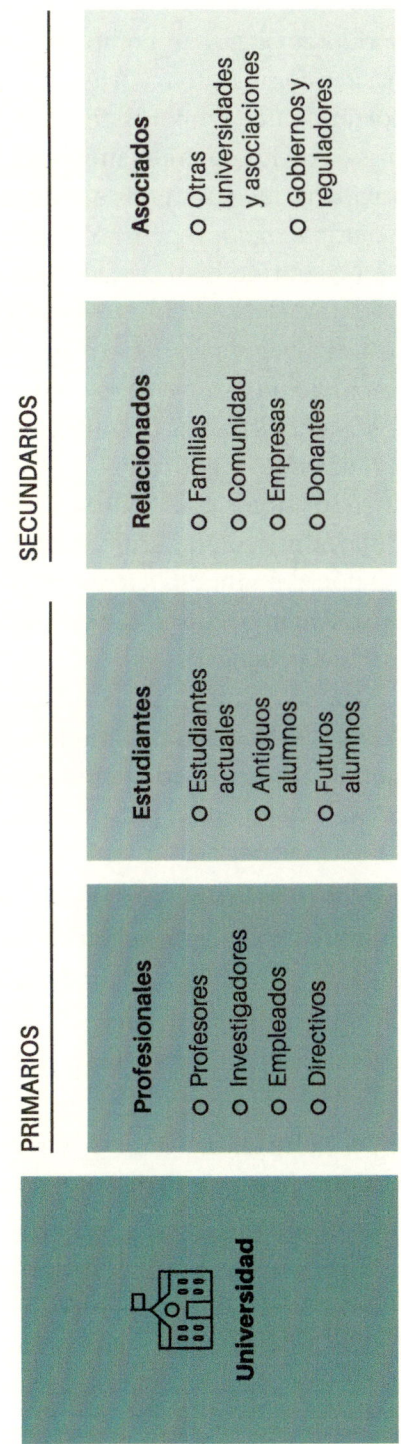

PRIMARIOS

SECUNDARIOS

Universidad

Profesionales
O Profesores
O Investigadores
O Empleados
O Directivos

Estudiantes
O Estudiantes actuales
O Antiguos alumnos
O Futuros alumnos

Relacionados
O Familias
O Comunidad
O Empresas
O Donantes

Asociados
O Otras universidades y asociaciones
O Gobiernos y reguladores

Primero, opinión: valoración, juicio, composición de lugar. La opinión tiene con frecuencia carácter comparativo (Origgi, 2018). Nos formamos un parecer sobre un comportamiento comparándolo con las expectativas, con las experiencias anteriores o con los comportamientos de otras organizaciones.

Por su carácter racional, las opiniones se fundan en datos: el producto recibido ¿es el que esperaba, mejor o peor? Y también en impresiones: en el proceso de venta ¿me he sentido bien tratado? Lo racional y lo emocional están unidos.

Además de opinión, el diccionario habla de estima, que es un sentimiento, una actitud, una inclinación estable de la voluntad (Barnett *et al.*, 2006). En la relación de los *stakeholders* con las organizaciones puede darse una gama muy amplia de reacciones y actitudes.

Fombrun usa cuatro términos para marcar esta escala que lleva a la reputación: *feeling*, estima, admiración y confianza. Esos términos indican un proceso de intensificación del vínculo. Otros autores mencionan términos como satisfacción, *engagement* o lealtad (Dowling, 2016). Probablemente se pueden encontrar diversas propuestas válidas y coherentes.

En definitiva, se trata de definir una secuencia de actitudes, que vayan de lo más débil a lo más fuerte, de lo más neutro a lo más favorable, de lo efímero a lo permanente. Teniendo en cuenta que nos estamos refiriendo a la reacción de los *stakeholders* en su relación con las organizaciones, nos atrevemos a proponer esta secuencia:

› satisfacción, que es lo primero que tiene que producirse, en el plano personal, como fruto de la experiencia positiva, de la expectativa cumplida, de la calidad percibida, de la comparación favorable;

› lealtad, es decir, la decisión de repetir la compra o mantener la relación con la organización, que es manifestación de la conducta de valor;

› recomendación, o inclinación a sugerir a otros que compartan la experiencia, que es otra fase más de la conducta de valor.

Esta secuencia aporta un elemento de interés en nuestra argumentación: la reputación admite grados, es un concepto "escalable". La satisfacción implica una primera buena reputación para un *stakeholder* en particular; la lealtad convierte la satisfacción en conducta de valor, puesto que implica la fidelización de los clientes, el deseo de repetir la experiencia; la recomendación constituye un paso más, puesto que el *stakeholder* se con-

Figura 6
Secuencia de actitudes de los *stakeholders*

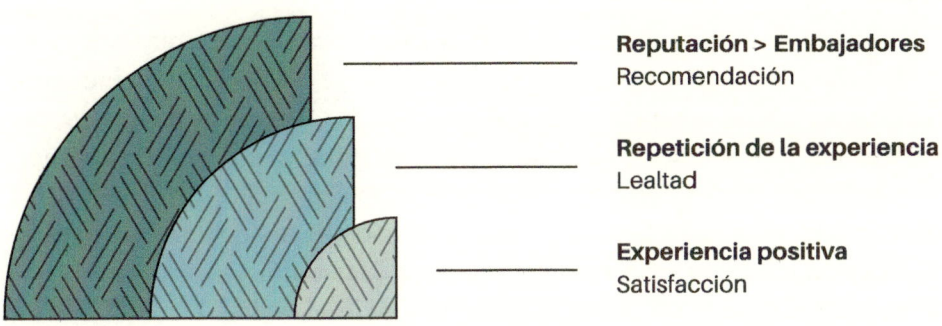

Reputación > Embajadores
Recomendación

Repetición de la experiencia
Lealtad

Experiencia positiva
Satisfacción

vierte en altavoz, en embajador, en factor de atracción de nuevos clientes y, por tanto, de crecimiento de la organización.

Es decir, que la reputación no es solamente una opinión, sino una actitud que genera conductas de valor, como afirma Carreras. Es una "alabanza o elogio de alguien para introducirlo con otra persona" (Real Academia Española, 2014).

En este punto podemos recordar que la recomendación es un concepto crítico en la sociedad digital y en la economía colaborativa. Se toman las decisiones en función de este parámetro: se elige hotel, casa, coche, ropa, universidad, en función de lo que otras personas han comentado sobre su experiencia en las múltiples plataformas en las que participamos.

Contexto

Al comenzar este capítulo hemos mencionado algunos factores de contexto que explican el auge del concepto de reputación: la cultura digital –que ha fomentado nuevos hábitos de conocimiento y relación–; los nuevos valores de las sociedades interconectadas; las nuevas demandas que se exigen a las organizaciones. Esos mismos factores condicionan la formación de la opinión pública e influyen sobremanera en los *stakeholders*.

Las personas se forman sus opiniones de acuerdo con su experiencia personal, pero también en función del ambiente en el que viven, de la cultura, del país o del tiempo. Influyen tanto la información que llega como los valores que imperan y los temas que se debaten. Y esos elementos no son estáticos, sino variables.

Quizá valga la pena mencionar aquí otra palabra cada vez más relevante en nuestra cultura: *cambio*. Las organizaciones se encuentran en entornos volátiles, inciertos, complejos y ambiguos (*VUCA*) (Bennis & Nanus, 1986).

Además, se suele decir que los cambios en nuestra época son más rápidos (necesitan menos tiempo para hacerse globales), más amplios (llegan a todos los rincones del planeta) y más profundos (transforman las costumbres) que en las etapas anteriores de nuestro desarrollo.

El cambio es algo propio de la persona y de la sociedad. La vida es cambio. Los estudiosos de los movimientos sociales han identificado sus fases: comienzan los activistas de las causas que hasta el momento no forman parte de la cultura (algunos de esos movimientos prosperan y otros no; si lo hacen, pasan a las leyes) y, al cabo del tiempo, se convierten en "indicadores de legitimidad". Se puede definir la *legitimidad* como "supuesto o percepción generalizada de que las acciones de una entidad son deseables, apropiadas o convenientes dentro de un sistema socialmente construido de valores, creencias y definiciones" (Suchman, 1995).

La formación de la reputación depende en buena parte de esas características del entorno: se gana o se pierde la reputación en función de la posición ante los valores socialmente aceptados.

Es un asunto que reviste cierta complejidad, porque puede suceder que los valores imperantes contradigan la identidad o la misión de una empresa: pensemos por ejemplo en las compañías energéticas y en la influencia que tienen en ellas la nueva sensibilidad ecológica.

Un aspecto relevante que se refiere al entorno es la contribución que las organizaciones aportan a la sociedad en la que viven. Cada institución tiene su propia finalidad, sus objetivos y su modelo de negocio, pero entre todas han de intentar resolver los problemas colectivos, atender a las necesidades generales, trabajar por el bien común.

La opinión pública es muy sensible –como es lógico– a esta contribución, y en función de ella valora a las organizaciones. La medida del valor reputacional asignado por la opinión pública es directamente proporcional a la medida de la contribución tangible e intangible de la organización a la sociedad.

La estabilidad de la reputación depende de la capacidad de articular con armonía las posibles tensiones entre la organización y el entorno. Esa capacidad incluye, además de una excelente gestión de los intangibles:

> inteligencia de contexto, para entender las circunstancias culturales, políticas, económicas, demográficas, etc. que configuran el entorno de una organización;

> apertura al cambio, distinguiendo los aspectos en los que resulta necesario innovar de aquellos en los que sería contraproducente hacerlo;

> liderazgo, para renovar continuamente la calidad del proyecto corporativo.

Se ha dicho que la reputación no se posee, porque donde realmente está es en la mente de los otros: son los demás quienes nos regalan la reputación o quienes nos la niegan si nuestra conducta no es correcta.

Podemos añadir que la reputación tampoco se controla, porque las influencias del entorno sobre los *stakeholders* son variadas y cambiantes, los factores críticos están fuera del alcance de cualquier organización.

◇◇◇◇◇◇◇◇◇◇◇◇◇◇◇◇◇◇◇◇◇◇◇◇◇

Intangibles, *stakeholders*, actitudes, contexto. Estas cuatro realidades nos han acercado al concepto de reputación y nos han ayudado a mirarla más de cerca. Ahora estamos en condiciones de proponer una primera definición que incluya las consideraciones realizadas hasta el momento.

Definición de reputación

Vale la pena recordar algunas de las propuestas más significativas que han aportado diferentes autores. Veamos cómo definen la reputación:

> Fombrun: "la representación percibida de las acciones pasadas y expectativas futuras de una compañía que describe el atractivo general de la empresa para todos sus agentes clave, cuando es comparada con otras empresas rivales líderes" (Fombrun, 1996);

> Origgi: "una segunda identidad, una señal emitida intencionalmente, algo que se dice de nosotros y que estabiliza o desestabiliza nuestra identidad social, una motivación para la acción, un poderoso sistema

de clasificar información, basado en la autoridad de otros, que ayuda a guiar nuestros juicios" (Origgi, 2018);

› Barnett *et al.*: "juicios compartidos por los observadores sobre una organización, basados en las valoraciones de los impactos económicos, sociales y ambientales que se le atribuyen" (Barnett & Pollock, 2012);

› Carreras *et al.*: "la reputación son las evaluaciones colectivas de las distintas audiencias, basadas en el comportamiento de la empresa, que predispone favorable o desfavorablemente a cada una de ellas (comportamientos de valor)" (Carreras *et al.*, 2014).

Proponemos ahora nuestra propia definición, que intenta reunir los elementos mencionados en páginas anteriores:

> "La reputación es el conjunto de valores intangibles que la opinión pública atribuye a una organización, como fruto de las actitudes de los *stakeholders*, en el marco de los valores socialmente aceptados, y que se concretan en una decisión de recomendación, que convierte ese conjunto de valores en un activo intangible, que genera resultados tangibles".

Veamos la definición con un poco de detalle:

1. **"el conjunto de valores intangibles"**: los valores intangibles asignados tienen una base real y objetiva en las cualidades de la organización, y a la vez tienen que ser percibidos por otros. La reputación tiene carácter sintético, como sumatorio de varios intangibles como legitimidad, credibilidad, relevancia y confianza;

2. **"que la opinión pública atribuye a una organización"**: se trata de un estado de opinión, de una creencia compartida, no circunscrita solamente a un grupo de personas, que además es estable en el tiempo;

3. **"como fruto de las actitudes de los *stakeholders*"**: las opiniones y actitudes de los *stakeholders* son resultado de la experiencia, dependen de las expectativas y de la comparación, tienen una dimensión racional y otra emocional;

4. **"en el marco de los valores socialmente aceptados"**: el entorno influye en la formación del parecer de los *stakeholders* y de la opinión

pública en general, especialmente por lo que se refiere a los valores y a los criterios de legitimidad;

5. **"y que se concreta en una decisión de recomendación"**: la actitud de recomendación tiene como fundamento la calidad percibida, la satisfacción y la lealtad al vínculo con la organización, que se expresa en el deseo de compartirlo;

6. **"que convierte ese conjunto de valores en un activo intangible"**: gracias a la recomendación, la reputación pasa de ser "opinión y estima", a convertirse en patrimonio intangible;

7. **"que genera resultados tangibles"**: la lealtad de los *stakeholders* y la actitud de recomendar genera repetición de compra y crecimiento. De este modo, la reputación, que se basa en las cualidades reales de la organización, acaba siendo una ventaja competitiva en el mercado.

Hemos mencionado que reputación y confianza son dos términos que se usan a veces como si fueran sinónimos, y de hecho –en el marco de las reflexiones de este libro– tienen mucho en común. Después de proponer la definición de reputación, se ven más claros los matices que la diferencian. La *confianza*, definida en el diccionario como "esperanza firme que se tiene de alguien o algo" no implica reconocimiento de excelencia, ni lleva consigo propósito de recomendación.

Esta definición de reputación confirma que la fama se forma "ahí fuera", en la mente de los otros, en los *stakeholders*, en la opinión pública. Por esa razón, como hemos dicho, la reputación no se posee, no se controla, no se puede gestionar de modo directo.

Pero ¿es posible hacer algo para merecer buena reputación? ¿Se puede activar un proceso que tenga como resultado que la reputación se merezca, se mantenga, se desarrolle? ¿Cómo se forma la reputación "desde dentro" de la organización? Veamos a continuación estas cuestiones.

Capítulo 2
¿Cómo se forma la reputación?

La reputación, vista desde fuera de la organización

Los estudios publicados sobre la reputación, sobre todo en los últimos 30 años, han tratado temas de gran relevancia, especialmente en las siguientes áreas.

Concepto, definición y cuestiones terminológicas

Los expertos (Barnett *et al.*, 2006; Fombrun, 1996; K. Walker, 2010) han hecho aportaciones de interés en la definición del concepto de reputación y en la diferenciación respecto a términos que podemos llamar *fronterizos*, que tienen algo en común y algo diferente como identidad, imagen, marca. Este discernimiento terminológico reviste gran importancia, tanto desde el punto de vista académico como profesional y aplicado.

También han señalado (Carreras *et al.*, 2014) que en este punto tenemos problemas de *sinonimia* (usamos como si fueran sinónimos términos que responden a significados diferentes) y de *polisemia* (usamos unívocamente términos que en realidad tienen distintos sentidos, según el contexto). Distinguir es esencial.

Elementos que conforman la reputación, indicadores y métricas

Otros estudios se han centrado en analizar los intangibles que conforman la reputación. Por ejemplo, Carreras resume de modo muy completo las diferentes propuestas. Esta línea de investigación y desarrollo ayuda a identificar indicadores que midan la reputación, y que sirvan a su vez para comparar la reputación de otros y la evolución a lo largo de los años.

Estudio de la reputación por sectores o países

Disponemos de estudios de interés sobre la reputación aplicada a ámbitos concretos. Los indicadores mencionados más arriba se han ido aplicando a diferentes situaciones: países, ciudades, instituciones públicas, empresas privadas de un determinado sector, etc.

Análisis de casos de crisis

Una cuarta línea de trabajo es la que analiza cómo se pierde la reputación y cómo se puede recuperar. El estudio de las crisis reputacionales, una tipología específica de crisis (Cierva, 2015), ha heredado buena parte del conocimiento que ya se tenía sobre la prevención y la gestión de situaciones de crisis de comunicación. Esta línea de trabajo es también relevante. Se suele decir que la crisis es el momento de la verdad, cuando aparecen todos los elementos de la gestión, concentrados en el tiempo. Desde el punto de vista práctico, este aspecto es de los que más atrae la atención de directivos y comunicadores, por lo mucho que está en juego.

La reputación, desde dentro de la organización

En suma, se ha definido qué es la reputación, de qué está compuesta, cómo se mide, cuánto vale, qué consecuencias tiene poseerla, cómo se pierde, etc. Sin embargo, según algunos autores, convendría dirigir la atención hacia algunos temas todavía poco tratados (Ravasi *et al.*, 2018), porque todavía hay mucho por descubrir sobre cómo se cultiva y cómo se consolida la reputación en el seno de las organizaciones.

Younger y Waller han formulado una propuesta que en mi opinión sí explica la formación de la reputación desde dentro de la organización. El director del Centro de Reputación Corporativa de Oxford plantea un esquema sintético y sugestivo. Según él, la reputación tiene tres elementos esenciales: comportamiento, redes y narrativas (Jsensen, 2017).

Ante todo, *comportamiento*, que incluye tanto competencia como honestidad. Además de hacer las cosas bien, la reputación "viaja" a través de *redes*, conexiones que las personas y las organizaciones necesitan para ser reconocidas. Y, por último, *narrativas*, modos de contar la organización que la hagan relevante ante terceros, también ante aquellos con los que no se relaciona directamente.

En las páginas siguientes nos proponemos abordar la siguiente cuestión: ¿qué se puede hacer *dentro* de la organización para merecer la reputación que acaba formándose *fuera* de ella? Vamos a intentar definir un proceso que resulte conceptualmente coherente con los estudios publicados y que a la vez sea útil para quien se encarga de gestionar los intangibles de una organización. Un proceso que pueda servir como hoja de ruta para los profesionales. Que tenga en cuenta que, en sentido estricto, la reputación no se puede poseer, controlar, gestionar. De hecho, estamos usando los verbos *adquirir, cultivar, alcanzar,* para hablar de este intangible. La reputación "ni se compra ni se vende". Solo se puede merecer.

Un paradigma y una metáfora para un nuevo modelo

Para explicar el proceso de formación de la reputación nos vamos a inspirar en el "paradigma antropológico": es decir, intentaremos pensar en la reputación de las organizaciones tomando como referencia la reputación de las personas.

Este paradigma ha sido empleado en el ámbito de los estudios de marca (*brand personality, brand character*), que ya hemos mencionado con anterioridad (Davies, Chun, da Silva, & Roper, 2001). Según esa propuesta, se puede seguir la analogía de la persona al pensar en los atributos que se asignan a una marca: abierta, competente, comprometida. Cualidades positivas o negativas, actitudes que se asignan en función del comportamiento colectivo y de las evocaciones emotivas de una marca.

En el ámbito de la acción directiva, también se ha usado el paradigma antropológico. Según algunos autores (Pérez López, 1993), el mejor marco conceptual para entender el comportamiento de una empresa no es el mecánico (tomado de la física), ni el biológico (que se inspira en los seres vivos), ni el cibernético (que aplica los principios de la informática). El modelo más ajustado sería el antropológico: es decir, pensar en el comportamiento de una persona para entender el comportamiento de la empresa, que al fin y al cabo es ante todo una comunidad de personas. La empresa conoce, decide, emprende, elige de modo *análogo* (en parte igual, en parte diferente) a como lo hace una persona. Es decir, no solo se le pueden asignar adjetivos, cualidades, sino también verbos que denotan acción e intención.

En esta línea, al hablar de la formación de la reputación de una organización, tomaremos como referencia la formación de la reputación de una persona. Veremos cómo se crea la reputación personal y la corporativa, mediante qué procesos, a través de qué pasos. Y también cómo aumenta y cómo se consolida.

El paradigma antropológico introduce una idea fundamental: la importancia del transcurso del tiempo. Se ha dicho de diferentes maneras que cuesta mucho construir la reputación, pero se puede perder en un instante. Como aseveró el legendario inversor Warren Buffet: "hacen falta 20 años para construir una buena reputación y cinco minutos para perderla. Si lo tienes en cuenta actuarás de otra manera".

Es un proceso "asimétrico", podríamos decir. Las empresas, como las personas, han de conocer y respetar los tiempos de la naturaleza, sin buscar atajos que en realidad desviarían del objetivo final. *Paciencia* es una palabra que convive muy bien con *reputación*.

Con este paradigma en mente, vamos a usar un elemento gráfico para exponer la formación de la reputación: el iceberg (Mora, 2015). Es una metáfora limitada, como todas, pero puede ser útil por diversos motivos. Para empezar, porque la reputación es lo que aparece por encima de la superficie, pero hay una realidad sumergida que la sostiene: dos tercios del volumen del iceberg están bajo la superficie. Algo parecido sucede con la reputación de las personas y de las organizaciones: hay que ir más allá de las apariencias para entenderla, hay que buscar lo que no se ve.

El proceso de formación de la reputación

Ciertamente, ni la vida de las personas ni de las organizaciones pueden encerrarse en categorías rígidas. La vida no es un proceso. Los acontecimientos suceden de manera desordenada, al hilo de circunstancias que es difícil prever y controlar. Cuando hablamos de proceso pretendemos solamente distinguir, clarificar, poner orden y establecer una cierta secuencia que nos ayude a comprender el devenir de estas realidades intangibles. Es un recurso analítico, no una propuesta normativa.

Una vez aclarado este punto, podemos establecer que la construcción de la reputación se desarrolla en tres áreas fundamentales. Desde la perspec-

Figura 7
Iceberg como metáfora de la reputación

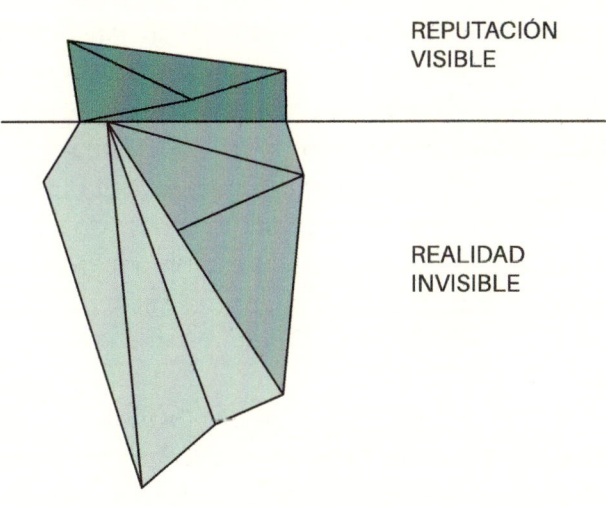

REPUTACIÓN
VISIBLE

REALIDAD
INVISIBLE

tiva individual, estas áreas comprenden a la persona misma, las relaciones que esta persona mantiene con otros y la opinión pública o el sentir general. En cuanto a las organizaciones, los dominios clave para la formación de su reputación son la organización en sí misma, su relación con los *stakeholders* y, de nuevo, la opinión pública. En cada uno de los tres ámbitos vamos a distinguir tres conceptos clave.

Con esta distinción estamos recordando que la reputación se forma "desde dentro hacia fuera". Para *conocer* la reputación de una organización hemos de mirar fuera, a lo que piensan los demás. Pero para *activar* el proceso de mejora de la reputación hemos de mirar dentro. Este principio dentro-fuera reviste gran importancia en la gestión de la reputación, igual que en la gestión de las organizaciones en general (Covey, 1989).

La reputación: un reflejo interno de la organización

Es la parte más escondida del iceberg, la que menos se ve, la más profunda. La buena fama de alguien, su prestigio ante terceros se apoya ante todo en lo que la persona es, hace y dice. Como decíamos al hablar de los intangibles, la calidad percibida desde fuera tiene como fundamento la calidad real, objetiva de la organización.

El principio de la reputación es el conocimiento de la identidad

La palabra *identidad* tiene dos acepciones: "la conciencia que una persona tiene de ser ella misma y distinta a las demás" (autoconocimiento y diferenciación subjetiva); y "el conjunto de rasgos propios de un individuo o de una colectividad que los caracterizan frente a los demás" (conocimiento y diferenciación objetiva) (Real Academia Española, 2014).

La identidad define lo que una persona "es". Sus orígenes, sus características fundamentales, lo que permanece estable a lo largo de la vida.

Al hablar de las organizaciones, la identidad suele incluir la historia, los principios, la visión, la misión. Aquello que ha dado origen a la organización, su sentido.

En los últimos años, los términos clásicos de *visión, misión* y *valores* se resumen en la palabra *propósito* (Rey *et al.*, 2019). El propósito condensa el "porqué" de una organización. Y podríamos decir también el "para qué": qué se propone con su actividad. Como señala la Real Academia, el *propósito* es el "ánimo o intención de hacer o no hacer algo" o el "objetivo que se pretende conseguir", aquello que se desea "voluntaria y deliberadamente".

Hablamos de identidad como *autoconciencia*. Una persona es madura cuando tiene conciencia de su propia identidad, la conoce y la posee libremente, de manera reflexiva. De hecho, sin ese autoconocimiento, la persona afronta serios problemas psicológicos y sociales.

En el caso de las organizaciones, la identidad ha de ser conocida y libremente poseída por quienes la componen. Si los que forman parte de la organización –sobre todo los empleados– no son conscientes de su identidad colectiva ni de su propósito corporativo, es fácil que aparezcan problemas de desorientación, de fragmentación, de división. Rey ha tratado el interesante tema de la compatibilidad entre el propósito personal y el propósito corporativo.

El profesor de la Universidad de Navarra Ángel Arrese escribió su tesis doctoral sobre la identidad de The Economist (Arrese, 1995). En sus páginas describe magistralmente la historia y el desarrollo de la icónica revista que, concluye, ha sobrevivido por haberse mantenido fiel a su identidad: "el equilibrio entre cambio y continuidad la han consolidado –*"in its first 150 years"*– como publicación paradigmática en no pocos aspectos. The Economist puede servir de modelo para otros; pero, en plenitud, solo es modelo para The Economist. Es la consecuencia de los casi 8.000 números editados hasta hoy, que son la causa de su prestigio".

Cuando hablamos de identidad no nos estamos refiriendo solamente a la historia. La identidad se refiere al pasado, pero también al presente y al futuro. De alguna manera, los empleados han de conocer y poseer de modo reflexivo el origen y también el proyecto: la proyección de la identidad hacia el futuro.

Identidad se define también como "aquello que distingue a una persona de las demás". Los aspectos diferenciales son parte esencial de la identidad. Las personas son únicas, como las organizaciones. Por tanto, unas y otras han de saber en qué son únicas, en qué quieren serlo.

Por su pertinencia, cabe mencionar aquí un informe que el gobierno británico encargó a un grupo de expertos, con el fin de ayudar a posicionar internacionalmente a las universidades del país, en un contexto de fuerte competencia. El informe final de 2011, firmado por Ewart Wooldridge y Eddie Newcomb, tenía el siguiente título: *Distinctiveness and identity in a challenging HE environment: a unique opportunity for "The Cathedrals Group" institutions*. Al competir hay que ser distinguido para ser distinguible, ser diferente para que te identifiquen.

Así como la persona ha de tener claro "quién es", las organizaciones también deben autoconocerse. Esa autoconciencia genera, dentro de la organización, sentido de pertenencia, capacidad de reconocerse en el proyecto; y fuera de ella, facilita la diferenciación, la posibilidad de que los otros la identifiquen.

De hecho, algunos autores como Anne Gregory consideran que la principal tarea de la alta dirección es determinar el ADN de su organización y ver cómo pueden conservarlo.

Los CEO deben capturar el valor básico de su firma, la piedra angular que determina los parámetros de la toma de decisiones. Los valores que declaran serán la piedra de toque de la autenticidad. Decidirán por la organización y se constituirán en el último alegato de su integridad. En la práctica, harán coincidir los valores declarados y los valores vividos. Y, en consecuencia, determinarán la legitimidad de la compañía (Gregory & Willis, 2013).

La identidad se encarna en la cultura

Si la identidad es lo que somos, la cultura es lo que hacemos. Con esa base firme del ser, la identidad se expresa en el hacer. Desde el punto de vista personal, el comportamiento de la persona muestra su identidad. Desde el punto de vista de las organizaciones, la identidad se refleja en la cultura corporativa: las políticas, las prácticas, los valores (Schein, 2004).

Generalmente, la identidad se formula en algunos textos sintéticos, de carácter aspiracional, que resumen aquello que mueve a la organización. Un ideario, un documento de *misión, visión y valores*, un propósito declarado. Una historia que está en el nacimiento de la empresa, una figura de fuerte personalidad que la fundó.

Esas raíces han de ser libremente compartidas por los empleados de la organización. Sin esa participación racional y emotiva, la identidad colectiva no podrá inspirar la conducta de los empleados. La identidad orienta los comportamientos y las decisiones. Si la identidad se queda en esos documentos, no pasará de ser una mera declaración de intenciones. Si en los estatutos se habla de unos valores que después no se practican, la identidad se queda en papel mojado.

La cultura es la encarnación de la identidad. No puede haber contradicción, desalineación. Los demás reconocen a las personas y a las organizaciones en función de sus acciones, no de sus promesas: "dime qué haces y te diré quién eres" (Origgi, 2018).

Como hemos recordado, los investigadores (Jsensen, 2017) apuntan a la conducta (*behaviour*) como el pilar básico de la reputación. En su opinión, el comportamiento expresa dos dimensiones fundamentales de la organización: la capacidad de realizar de modo excelente un trabajo, que implica conocimientos y experiencia, éxitos pasados que permiten esperar buenos resultados futuros; y la personalidad, en la que residen las cualidades de honestidad, benevolencia, etc.

Por su parte, Halpern señala que el compromiso de las organizaciones con su propósito –y sus deseos sinceros de adquirir reputación– han de notarse de modo inequívoco en la cultura. Destaca que ese compromiso ha de cristalizar sobre todo en los criterios con que se contrata, se despide, se promociona y se incentiva a los profesionales. Si los valores corporativos se reflejan en esas políticas, entonces tendrán la potencialidad de inspirar las actividades de todos los miembros de la organización, empezando por los directivos. Si no es así, el compromiso con los valores corporativos no se notará en la práctica, y entonces no habría que extrañarse de los comportamientos irregulares. Entre otros ejemplos, señala que de los incentivos económicos con los que se premian las conductas depende a la postre la reputación de la organización.

Estas consideraciones confirman la estrecha relación que existe entre algunas medidas muy tangibles en el ámbito interno de las organizaciones, y las consecuencias intangibles que se derivan de ellas.

Identidad y cultura se expresan en el discurso

De modo natural, el ser y el hacer se proyectan en el decir, en el discurso corporativo: palabras, textos, declaraciones. Las palabras dan sentido a las acciones, sirven para explicar las motivaciones, ayudan a interpretar los fines.

Es difícil transmitir la identidad y la cultura de forma muda: se necesitan palabras (Jsensen, 2017), las "narrativas" son fundamentales en la construcción de la reputación.

Como estamos hablando del ámbito interno de la organización, con el término *discurso* nos queremos referir a la "serie de las palabras y frases empleadas para manifestar lo que se piensa o se siente" o "el lenguaje en acción", como dice la Real Academia.

En una organización, el discurso está formado por los textos corporativos, las declaraciones públicas, los artículos, los contenidos de los materiales impresos y audiovisuales. Las organizaciones realizan una cuidadosa selección de las palabras de su léxico, intentando que reflejen bien sus valores.

Por ahora nos mantenemos en el plano de la comunicación unidireccional: aquello que la organización difunde a través de múltiples canales. Hablaremos más adelante de la comunicación bidireccional y multidireccional.

En cierto modo, el lenguaje de las organizaciones no es solamente textual. Se ha dicho, por ejemplo, que la arquitectura, la decoración, etc., llevan dentro de sí muchos mensajes. La frontera entre cultura y discurso es una línea muy sutil.

Vale la pena recordar aquí un concepto que suele vincularse al término *discurso*: la potencia transformadora del lenguaje, la cualidad performativa de las palabras. El uso de determinadas palabras influye decisivamente en la conducta: el carácter pragmático del lenguaje –el lenguaje es acción– produce un efecto trascendente (en los otros) y un efecto inmanente (en la persona que habla).

Las palabras expresan y al mismo tiempo causan actitudes, en los emisores y en los receptores. Esta característica se ha aplicado con frecuencia a la psicología (se pueden cambiar algunos hábitos empezando por cambiar el lenguaje) y a la educación ("habla a un joven como piensas que puede llegar a ser, y llegará a serlo", se dice).

Se entiende que en el ámbito político se preste gran atención al *relato*, esa narrativa que sirve como marco interpretativo de las acciones y de las intenciones, que reúne datos y opiniones, que es racional y emocional, que cumple un fin informativo y a la vez persuasivo, que sirve para que una comunidad se sienta identificada, motivada e impulsada en una determinada dirección. Las "batallas por el relato" adquieren gran relevancia en los debates públicos.

Esta es una de las potencialidades más interesantes y delicadas del lenguaje: su carácter transformador. Interesante, por los horizontes que abre; y delicada, porque representa un arma de doble filo, que se presta a la manipulación. Se trata de una cuestión que requiere inteligencia y honestidad.

El discurso, en suma, tiene la potencialidad de expresar la identidad y la cultura, y a la vez de influir en la organización y fuera de ella.

◇◇◇◇◇◇◇◇◇◇◇◇◇◇◇◇◇◇◇◇◇◇◇◇

Estas son las tres palabras clave de la primera fase de la formación de la reputación, que tiene lugar dentro de la organización: *identidad* (ser), *cultura* (hacer) y *discurso* (decir).

En esta fase hay un requisito fundamental para que el proceso fluya: la coherencia. Ha de existir una armonía entre lo que son, lo que hacen y lo que dicen las personas y las organizaciones. Alguien que no hace lo que dice, que no respeta su palabra, no puede ser apreciado en su entorno. Por el contrario, las instituciones coherentes merecen credibilidad, que es el primer requisito de la comunicación interpersonal y de la relación social. Si el emisor no es creíble, no atendemos a lo que dice, por interesante que pueda parecer. Cuando una organización es coherente, recibe como recompensa la credibilidad.

El ámbito de los *stakeholders*

La primera fase de formación de la reputación sucede dentro de la organización. La siguiente se produce en el contacto con los grupos de personas que se relacionan con ella. Ya hemos hablado de los *stakeholders*, no es necesario ahora extenderse más. Recordaremos en este ámbito tres palabras clave: *relaciones, conversaciones, percepciones*.

Las organizaciones establecen relaciones

Younger y Waller proponen el *networking* como otro de los pilares de la construcción de la reputación. Estos autores se refieren sobre todo a la capacidad de pertenecer a redes de prestigio, que prestan a la organización los valores intangibles de que goza la red. En su opinión, las redes son el canal por el cual circula y se difunde la buena reputación corporativa, hecha de competencia y carácter, de las organizaciones. Es un mecanismo imprescindible de difusión de la reputación mediante avales de terceros.

Al hablar aquí de relaciones lo hacemos en el sentido más amplio. Entendemos la *relación* como "conexión, correspondencia, trato, comunicación de alguien con otra persona", grupos de personas u organización (Real Academia Española, 2014). En el fondo, la relación es cualquier tipo de vínculo estable que se genera entre una organización y sus *stakeholders*.

Esas relaciones son muy variadas: para prestar un servicio, pagar un salario, colaborar en un proyecto, etc. Hay tantos tipos de relaciones como *stakeholders*, al menos. Aunque más bien habría que decir que hay tantas relaciones como personas.

Las organizaciones tienen una relevante dimensión relacional. Se puede llegar a decir que las organizaciones no solo "tienen" relaciones, sino que "son" sus relaciones. Los vínculos son a veces tan fuertes, como sucede por ejemplo en el caso de los empleados, que es legítimo decir que los empleados "son" la organización, en cuanto que desempeñan un trabajo, desarrollan una actividad, que es la que da sentido a la organización. La organización se identifica con sus empleados: para un cliente, el empleado representa a la compañía.

En todo caso, toda organización forma una tupida red de "puntos de contacto" (*touchpoints*) con diferentes *stakeholders* y de los *stakeholders* entre sí.

Pensemos por ejemplo en una universidad: la institución se constituye por la relación de estudiantes con profesores, de profesores entre sí, de estudiantes entre sí; del conjunto de la comunidad educativa con el entorno en el que vive; de los directivos con el personal de servicios; de los antiguos alumnos con las empresas que les contratan. La universidad no es una de esas relaciones, es la suma de todas ellas.

Cada relación con cada *stakeholder* ha de estar llena de contenido: la organización se compromete a dar a cada uno aquello que en justicia le corresponde (un sueldo, una clase, un servicio). En ese sentido, las relaciones no son virtuales, sino concretas, casi materiales. Este hecho vuelve a confirmar que la creación de los intangibles tiene bases bien tangibles.

En la entrega del contenido de la relación (recibir una clase, por ejemplo, o retirar un libro de la biblioteca), importa *qué* e importa también *cómo*. Los *stakeholders*, en esa tupida red de relaciones, esperan quedar satisfechos por el contenido que reciben; y esperan ser bien tratados.

Si volvemos por un momento la vista atrás, las relaciones están estrechamente vinculadas con la cultura: dicho de otra manera, toda organización debe incorporar a su cultura un cuidado exquisito de las relaciones, tanto en la parte objetiva (*performance*) como en su parte subjetiva (*delivery*).

Se puede poner un sencillo ejemplo para mostrar los distintos aspectos que implica realizar una tarea: el modo de contestar a correos profesionales. Demostramos competencia si respondemos de modo acertado; fiabilidad si respondemos todos los correos y lo hacemos puntualmente; honestidad si no incurrimos en engaños ni mentiras. Esta distinción se puede aplicar a todos los trabajos y a todas las relaciones.

Contaban de un directivo que siempre que llegaba a su empresa saludaba efusivamente a la recepcionista: "es la primera voz que escuchan mis clientes", decía. Cabría afirmar que las organizaciones "valen" lo que valen sus relaciones.

Las relaciones están acompañadas de conversaciones

En la primera fase de la formación de la reputación –aquella que tiene lugar dentro de la organización– nos hemos referido al *discurso* como el conjunto de mensajes que la organización difunde como expresión de su identidad y su cultura.

Al pasar al plano de la relación con los *stakeholders*, el discurso se convierte en "la primera palabra" que da pie a una conversación. De la comunicación unidireccional se pasa a la conversación bidireccional (entre organización y *stakeholder*) o más bien multidireccional, porque los *stakeholders* dialogan con la organización, pero conversan también entre sí.

Por volver al ejemplo de las universidades, los futuros alumnos interactúan con los actuales alumnos para informarse sobre lo que les ofrece el centro, sin limitarse a mantener una conversación con las fuentes oficiales. Las conversaciones son abiertas y continuadas.

Las organizaciones transmiten su discurso corporativo, pero también escuchan, se hacen cargo de los mensajes de sus grupos de interés: expectativas, intereses, quejas, preguntas, sugerencias. Intentan ofrecer respuestas y así se establece el diálogo.

Hemos dicho que las organizaciones tienen una dimensión relacional. Ahora podemos añadir que poseen también una dimensión dialógica. Sin diálogo, las personas y las organizaciones terminan aisladas.

De nuevo, son los empleados, los miembros de la organización, los protagonistas de esa tupida red de relaciones, los que mantienen las conversaciones con los *stakeholders*. El diálogo no es anónimo.

En el entorno digital, las conversaciones se han multiplicado y se llega a veces a una situación de exceso de "ruido", si podemos llamar así a las informaciones fragmentadas, incompletas, no contrastadas, sin sentido, que inundan las redes.

La *posverdad* ha sido relacionada por el *Oxford Dictionary* con "circunstancias en las cuales los hechos objetivos influyen menos que las emociones y creencias personales en la configuración de la opinión pública".

Es el mundo de la posverdad el que amenaza la comunicación pública y privada: si no hay verdad, ¿a qué nos podemos atener? Las organizaciones han de mantener el compromiso con la verdad, tanto en la elaboración del propio discurso como en la participación en las conversaciones con los *stakeholders*, justamente para que no se apague la llama de la confianza.

Aprender a dialogar es importante en el terreno personal y lo es también para las organizaciones. La capacidad de escucha, la facilidad de expresión, el interés sincero por el otro, la veracidad y la claridad. Son muchas las cualidades que requiere el arte del diálogo. Todas ellas son necesarias también para las organizaciones.

Los *stakeholders* se forman sus percepciones

Como fruto de esas relaciones y conversaciones, los *stakeholders* van formándose sus propias percepciones. En su acepción más física, según la Real Academia, la *percepción* es "una sensación interior que resulta de una impresión material hecha en nuestros sentidos". Al tocar este metal, tengo sensación de frío. Cuando el cerebro interpreta la sensación, la transforma en "conocimiento, idea". La definición del Diccionario de Oxford une la percepción a tres palabras: *mirado, entendido, interpretado.*

Las percepciones de los *stakeholders* dependen de las sensaciones que obtienen en sus *touchpoints*, sus lugares y momentos de contacto. Se basan en el conocimiento, los datos, informaciones objetivas sobre el comportamiento de la empresa. Y se basan también en las experiencias originadas en esa relación: cómo me han tratado, cómo me he sentido tratado.

Por otra parte, las percepciones dependen de las expectativas (cumplidas o no); de las comparaciones con otras experiencias; y del entorno en el que se produce esa relación, que constituye una influencia externa para los *stakeholders*.

Las percepciones son efímeras, pero cuando se van acumulando dan forma a las opiniones y a las actitudes de las personas; son subjetivas, pero tienen consecuencias objetivas, porque a partir de ellas se toman decisiones de compra, de voto, de elección.

En todo caso, las percepciones de los *stakeholders* dicen mucho sobre lo que la organización realmente es. La mirada externa es enriquecedora, ayuda a salir de la autorreferencialidad. Completa el autoconocimiento del que hablábamos antes. Hay una parte importante de la verdad sobre uno en la mirada de los otros: uno no es solamente lo que uno piensa que es; uno también es lo que quienes le conocen piensan que es. "Sin ser consciente de la interdependencia que existe entre mi "yo" y la imagen de mí en los ojos de los demás, entre mis acciones y mi reputación, yo no puedo entender ni quién soy ni por qué actúo" (Origgi, 2018).

La comunicación fluye realmente cuando la imagen proyectada coincide con la imagen percibida. De ahí la importancia de un conocimiento cabal de las percepciones.

◇◇◇◇◇◇◇◇◇◇◇◇◇◇◇◇◇◇◇◇◇◇◇

Relaciones, conversaciones, percepciones. Son las tres palabras clave de esta segunda fase de la formación de la reputación, que tiene lugar en el ámbito de la relación con los *stakeholders*.

En esta fase se necesita primero una visión 360°, que abarque a todos los grupos de interés, sin descuidar la relación con ninguno de ellos. Y se requiere también, por parte de la organización, una actitud de empatía hacia las personas con las que se relaciona.

De este modo, las relaciones se van convirtiendo en vínculos, aumenta el *stakeholders engagement*, que podríamos definir como la vinculación intelectual y afectiva que resulta de una relación mutuamente satisfactoria y que predispone a la colaboración.

El ámbito de la opinión pública

Este es el círculo más amplio y externo. Aquel que incluye a las personas que no se relacionan con la organización y no tienen más referencias que las indirectas. El ámbito en el que se comparten informaciones y opiniones, donde se debaten determinados temas, normalmente establecidos por los medios de comunicación (*agenda setters*), con enfoques elaborados por los creadores de opinión (o por los *influencers*).

Un mundo abierto, gracias a las comunidades que se forman alrededor de las redes sociales. Es la parte más visible del iceberg: la que asoma por encima de la superficie.

La imagen como conocimiento

Cuando los *stakeholders* tienen conocimientos y valoraciones sobre una organización, las trasladan a la opinión pública a través de múltiples canales. De ese modo se va formando una imagen sobre la organización (Balmer & Greyse, 2003). Es decir, los públicos conocen, reconocen, identifican, diferencian una organización respecto de otras, aunque no hayan tenido experiencia directa.

Algunos autores han intentado clarificar y distinguir los términos *identidad*, *imagen* y *reputación*, que tienen puntos en común y a veces son usados indistintamente. Es útil considerar la propuesta de Barnett (Barnett & Pollock, 2012). Según estos autores:

› la *imagen* corresponde al conocimiento, reconocimiento (*awareness*) que los públicos tienen sobre una persona o institución;

› la *reputación* sería el juicio, la valoración (*assessment*) que los públicos hacen sobre una persona o institución. Se trata de un concepto valorativo. Para que exista valoración se requiere un conocimiento cercano, o algún tipo de relación que se pueda evaluar. O bien una adhesión a la valoración realizada por otros;

> por último, el capital reputacional sería el valor tangible (*asset*) que corresponde a la *reputación* intangible. Es una concreción de esa valoración de la opinión pública, que llega cuando del juicio se pasa a la decisión de compra, de elección.

Esta secuencia de Barnett *et al.* –conocimiento, valoración, activo– constituye una buena ayuda para distinguir los conceptos de imagen y reputación. En este esquema, la imagen corresponde al conocimiento de la organización por parte de la opinión pública.

Siguiendo a Origgi podríamos decir que *imagen* es "la identidad de una persona proyectada en la mente de los otros". Cómo una persona es para los demás, no para sí misma.

Las instituciones se preocupan justamente por su imagen, porque necesitan visibilidad y notoriedad para operar. Necesitan que sus públicos recuerden su existencia. Para ser elegido tienes que ser conocido y reconocido.

La reputación como valoración positiva

Cuando la imagen es positiva y cuando lleva consigo una valoración (*assessment*) duradera y generalizada, se convierte en reputación. Es decir, la opinión pública no solo conoce, sino que aprecia a la organización. La reputación lleva consigo una actitud de recomendación que genera conductas de valor y que representa una ventaja competitiva. También hemos tratado ampliamente estos temas en páginas anteriores, de manera que no es necesario extenderse aquí.

Solo cabe añadir que la verdadera reputación es aquella que se prolonga en el tiempo, que no es efímera. No es la buena impresión momentánea causada por un comportamiento aislado. Es la valoración positiva que perdura, basada en una conducta correcta sostenida en el tiempo. La reputación no se identifica con la fama pasajera, sino con valores estables y duraderos. Si hemos dicho que la reputación es la calidad *percibida*, con base objetiva, tendríamos que añadir ahora que la calidad ha de ser *sostenida* en el tiempo.

Además, otra característica esencial de la reputación es que se refiere a valores intangibles pacíficamente aceptados por la opinión pública, de modo general, no a simples opiniones de personas aisladas. Por tanto, además de ser objetiva, percibida y sostenida en el tiempo, la calidad ha de ser ampliamente *compartida*.

La autoridad como culmen del proceso

Por último, si la reputación se mantiene en el tiempo y destaca sobre la de otras organizaciones, llega a convertirse en autoridad. Esto sucede cuando los públicos respetan, piden consejo, escuchan con atención las opiniones de una organización en un determinado sector. La Real Academia dice que la *autoridad* es "prestigio y crédito que se reconoce a una persona o institución por su legitimidad o por su calidad y competencia en alguna materia".

En la opinión pública sucede como en las disciplinas científicas: siempre suele haber un investigador al que se atribuye autoridad reconocida en la materia. Probablemente podríamos decir que sería el autor más citado.

Recuerdo que hace unos años, mientras residía por un tiempo en Londres, pude conocer a un médico considerado el mejor toxicólogo del país. Le llamaban a menudo de los servicios de urgencias de los hospitales británicos para que les ayudara a identificar las causas de intoxicaciones poco frecuentes. En una ocasión, se produjo un escape de gas en una zona del famoso *underground* londinense, con la consiguiente alarma social. La BBC y otros medios de comunicación le llamaron para que explicase a la opinión pública la naturaleza y el alcance del problema, así como las medidas que estaban tomando las autoridades sanitarias. Con su opinión autorizada, se recuperó la calma. Un auténtico ejercicio de autoridad.

Esta cualidad superior atribuye a las organizaciones que gozan de ella no solo una ventaja competitiva sobre otras, sino una capacidad de influir en el sector, incluso en el cambio de las reglas de juego del sector.

De hecho, gana autoridad la entidad que demuestra gran competencia, elevado nivel de excelencia y que, además, conoce el conjunto de su área de actividad, las tendencias y los riesgos. Es decir, quien sabe muy bien cómo hacer las cosas y por qué hacerlas, de manera que es capaz de introducir mejoras inesperadas y liderar su sector.

Desde el punto de vista cuantitativo, estamos ante una pirámide: muchas organizaciones son conocidas, algunas poseen buena reputación, pocas gozan de autoridad.

Imagen, reputación, autoridad. Son las tres palabras que definen las tres fases del proceso de formación de la reputación, que se producen en el ámbito de la opinión pública. En este ámbito, las organizaciones han de realizar un esfuerzo grande para llegar a ser relevantes: tienen que llenar de significado sus propuestas, deben contribuir al entorno en el que viven, para merecer el apoyo social. Cuando las organizaciones se esfuerzan por realizar una contribución *significativa* logran el intangible de la *relevancia* en la opinión pública.

Figura 8
Iceberg con los elementos del paradigma de la reputación

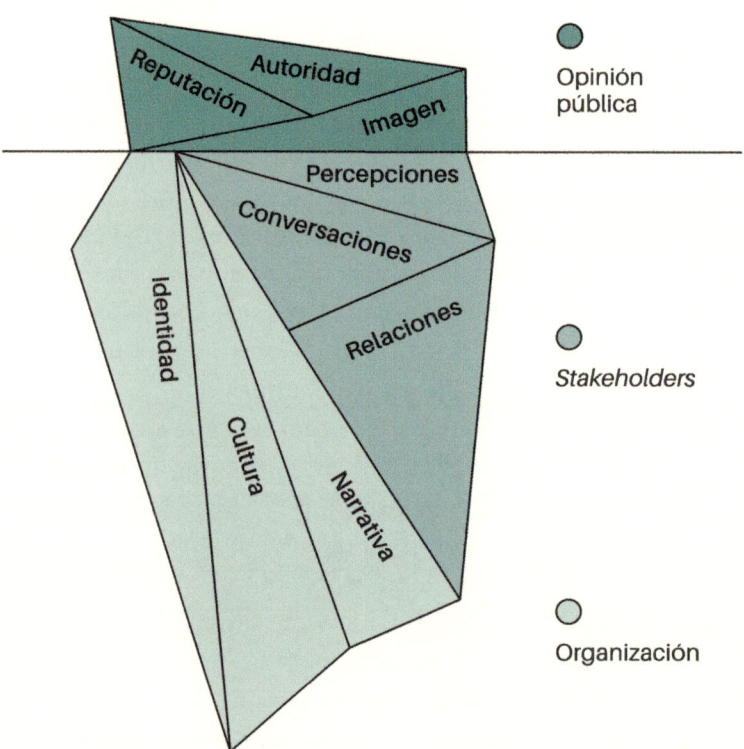

Definición de reputación, desde dentro de la organización

Hasta aquí el proceso articulado y gradual por el que se configura la reputación: desde dentro hacia fuera, de lo oculto a lo visible, como en un iceberg. Este proceso subraya la importancia de la coherencia interna y la alineación entre las creencias, valores, comportamientos y comunicaciones de una organización. Asegura que la reputación que se proyecta al exterior es un reflejo fiel de lo que realmente es la organización, fortaleciendo así su legitimidad y credibilidad ante sus *stakeholders*. Este enfoque integral e integrado de la gestión de la reputación pone de manifiesto que no es una tarea que se pueda delegar exclusivamente en el departamento de comunicación, sino que debe implicar a toda la organización y formar parte de su estrategia y cultura corporativa.

En los primeros capítulos de este libro, introdujimos una interpretación de lo que entendemos por *reputación*. Y propusimos una primera definición dc la rcputación:

> *"el conjunto de valores intangibles que la opinión pública atribuye a una organización, como resultado del comportamiento de los stakeholders, dentro del marco de los valores socialmente aceptados, y que se concretan en una decisión de recomendación, que transforma ese conjunto de valores en un capital intangible, que genera resultados tangibles".*

Esta perspectiva representa por así decir la mitad de la ecuación, ya que se centra en cómo la organización es vista desde fuera. Para tener una comprensión completa de la reputación necesitamos explorar también cómo se ve y se gestiona la reputación desde dentro de la organización.

La reputación, entonces, es un fenómeno que se concibe y se evalúa en la intersección de la organización y su entorno, es decir, en la interfaz entre la organización y su público. Es un reflejo de cómo las acciones y comportamientos de una organización son percibidos y valorados por su público objetivo, quienes a través de sus recomendaciones pueden convertir estos valores intangibles en un capital valioso que puede llevar a la organización a alcanzar resultados tangibles y beneficiosos.

Al final de este capítulo, estamos en condiciones de proponer una definición de la reputación, vista "desde dentro de la organización". Esta versión responde al modelo que hemos propuesto a través de la metáfora del iceberg.

"La reputación es la recomendación que una organización merece, cuando hay coherencia entre lo que es, lo que hace y lo que dice, mantiene relaciones positivas con todos sus *stakeholders*, sabe cómo navegar en entornos cambiantes y se compromete sinceramente a contribuir a la sociedad en la que vive".

Esta definición nos hace entender que la reputación no es simplemente una percepción externa, sino el reflejo de una realidad interna. Una realidad construida a partir de la coherencia de sus acciones, la calidad de sus relaciones con los *stakeholders* y su capacidad para adaptarse y contribuir positivamente al entorno en el que opera.

Por tanto, no se gana una buena y sólida reputación a base de operaciones cosméticas, sino con comportamientos consistentes. A las organizaciones se les pide que sean "auténticas", no que hagan mucho, se muevan mucho o hablen mucho. De hecho, organizaciones con muy buena reputación adoptan un planteamiento "discreto" de cara a la opinión pública, precisamente para proteger esa autenticidad y no acabar en situaciones incómodas, arrastrados por las corrientes de los debates públicos, que son erráticos con frecuencia (Jsensen, 2017).

Para completar el proceso que hemos descrito, habría que añadir que la reputación no es un fin en sí misma. No buscamos la reputación simplemente para ser admirados. Ni tampoco solamente para ser recomendados y aumentar los beneficios de la organización. Esta finalidad legítima pero limitada convertiría el modelo aquí descrito en algo autorreferencial. Ninguna organización puede tener como misión o como propósito su propio éxito. Una finalidad inspiradora, motivadora, ha de ser trascendente. Se aspira a mejorar la reputación para mejorar el comportamiento y para aumentar la contribución que una organización realiza a la sociedad, para lograr un impacto positivo más amplio y profundo.

Figura 9
Resumen ilustrativo del proceso de formación de la reputación

Ámbito	Fases			Se requiere	Se logra
Organización	**Identidad** Qué soy y cómo me entiendo	**Cultura** Expresión de la identidad en el comportamiento	**Discurso** Cómo me cuento. Cuál es mi relato	COHERENCIA	**Credibilidad**
Stakeholders	**Relaciones** Marcan la calidad de la institución	**Conversaciones** Diálogo con los *stakeholders*	**Percepciones** Resonancia de nuestro comportamiento en los *stakeholders*	EMPATÍA	**Engagement**
Opinión pública	**Imagen** Notoriedad y visibilidad	**Reputación** Añade al conocimiento, valoración positiva	**Autoridad** Referencia en el sector	CONTRIBUCIÓN	**Relevancia**

El proceso de pérdida de la reputación

Aunque el objeto directo de estas páginas es entender cómo se forma la reputación, algo hay que decir sobre cómo se pierde, aunque sea brevemente.

Las crisis reputacionales son una nueva tipología de crisis, que se añade a las que ya conocíamos: las que corresponden a desastres naturales, las que proceden de ataques externos (terrorismo, *hackers*), las que son consecuencia de errores humanos (accidentes), las que se originan por comportamientos incorrectos (corrupción) (Cierva, 2015). En términos generales, las crisis de reputación tienen que ver sobre todo con estas últimas.

A estas alturas, hemos sido espectadores de no pocas de esas crisis que han afectado a personas, organizaciones, instituciones financieras, partidos políticos. Hemos mencionado en páginas anteriores una que tuvo un papel relevante: la de Enron y Arthur Andersen. Después se han sucedido muchas otras. El entorno digital ha acelerado además los tiempos de las crisis, que ahora son fulminantes.

Se considera *crisis reputacional* aquella que pone en juego la reputación de una persona o de una organización: la destruyen o, al menos, la cuestionan profundamente. Es decir, una crisis tipificada más por sus *consecuencias* que por sus *causas*.

Por su parte, (Jsensen, 2017) distingue dos tipos de crisis reputacionales:

› las de *capacidad*, que ponen en duda la competencia para desarrollar la propia misión: así sucedió con Arthur Andersen, que traicionó el principio de fiabilidad que es imprescindible en un auditor;

› las de *personalidad*, que llevan consigo una mala acción, pero no la incompetencia técnica: se podría aplicar al caso de Volkswagen en Estados Unidos, cuando la compañía incumplió fraudulentamente una ley pero no se cuestionó la capacidad de fabricar vehículos de calidad.

Según estos autores, la opinión pública castiga más duramente las primeras que las segundas: no se puede fallar en la actividad fundamental de la compañía, ni incumplir la promesa de la marca.

Por lo que se refiere a las *causas* de las crisis reputacionales, podemos mencionar dos que parecen más frecuentes: conductas incorrectas y mentiras descubiertas. Un elemento de comportamiento y otro de comunicación. Es lo que se observa en muchas de las situaciones que se han producido en las últimas décadas. No estamos solamente ante comportamientos ilegales o inmorales, sino también ante ocultaciones intencionadas. Las irregularidades salen a la luz en contra de la voluntad de las organizaciones que las han cometido. Por tanto, no se les puede otorgar el beneficio de la duda, cuando la intención de engañar está demostrada.

Si estas son las causas, las consecuencias y las características de las crisis reputacionales, podemos intuir cómo se puede recuperar la reputación perdida. Halpern, como Younger y Waller, afirman tajantemente que la solución a un problema de conducta radica en un cambio de comportamiento, no en una mejora de la comunicación. Hay que reconocer que la conducta fue errónea, pedir disculpas, reparar las injusticias causadas, comprometerse con decir la verdad y arbitrar las medidas necesarias para enderezar los comportamientos futuros de la organización.

Otro modo de abordar el análisis de estas crisis es volver al modelo de formación de la reputación, expresado gráficamente en el iceberg. De acuerdo con aquella secuencia (identidad, cultura, discurso, relaciones, conversaciones...), cabe afirmar que las crisis llegan cuando:

> › falla la coherencia entre identidad, cultura y discurso, es decir, cuando las palabras contradicen las acciones o cuando ambas falsean la identidad y se pierde la credibilidad;
> › decae el liderazgo, la actividad deja de ser excelente o se difumina la diferenciación, de manera que la organización deja de ser relevante en su entorno y se ve superada por la competencia;
> › se descuida sistemáticamente la relación con alguno de los grupos de interés, tanto internos como externos, no se tienen en cuenta sus expectativas y opiniones y se deteriora la satisfacción y la lealtad de los *stakeholders*;
> › no se atienden las conversaciones con los *stakeholders*, por falta de interés de la organización, de manera que se les deja de escuchar y de informar sobre cuestiones relevantes que les pueden afectar, y como resultado se debilitan los vínculos; se debilitan los vínculos;
> › la organización se aísla del entorno, no analiza las tendencias, no tiene en cuenta los valores dominantes y actúa a ciegas, arriesgando su legitimidad y posicionamiento;
> › la participación en redes y la contribución al entorno dejan de ser un objetivo de la organización, que se concentra solo en su propia actividad.

Cuando tiene lugar alguna de estas circunstancias, se dan las condiciones para la crisis.

El proceso de formación de la reputación sirve como hoja de ruta para recuperar la reputación perdida. Para restaurarla, hay que activar el proceso en todas sus fases, de dentro hacia fuera, buscando la coherencia entre lo que se es, se hace y se dice, el cuidado de las relaciones y las conversaciones, la escucha de los *stakeholders* y la calidad de las métricas. El camino se puede recorrer de ida y vuelta.

Una vez que hemos visto cómo se forma la reputación y hemos repasado brevemente cómo se pierde y cómo se recupera, podemos plantearnos las siguientes preguntas: ¿de quién depende este proceso?, ¿quién interviene, quién es responsable?

Capítulo 3
¿De quién depende la reputación?

Un antiguo aforismo latino, que aparentemente tiene poco que ver con nuestro tema, dice así: *"bonum ex integra causa, malum est quocumque defectu"*. El bien resulta de la convergencia de múltiples causas; el mal surge cuando un solo factor decae. Aunque esta sentencia medieval procede de otros ámbitos, se ha aplicado también al mundo del cine: para que una película sea excelente tienen que ser buenos los actores, el guion, la música, la fotografía, todo. Para que fracase, basta que falle uno solo de esos elementos.

Algo parecido se puede decir de la reputación, que requiere también la concurrencia de múltiples causas. La reputación se basa en lo que una organización es, hace y dice. Se refiere a intangibles muy variados. Afecta a numerosos *stakeholders*. Basta que falle un elemento para que la reputación decaiga.

Cabe expresar esta idea de otra manera: la reputación no es un producto que se puede fabricar o construir; es más bien un fruto que se siembra, se cultiva, se protege, se cosecha.

La reputación como fruto

En el ámbito académico se cuenta un episodio que al parecer tuvo lugar en la Universidad de Cambridge, famosa por su historia, su prestigio y su campus, un ambiente perfecto para el estudio sereno, donde han visto la luz importantes avances de la ciencia, y donde se inventó, entre otras muchas cosas, el fútbol (aunque otros lugares disputan ese honor). Un visitante de aquella universidad, admirado por el entorno, mezcla de naturaleza y tradición, preguntó a alguien que trabajaba allí:

— ¿Cómo han conseguido ustedes este maravilloso campus?

— Muy sencillo –contestó su interlocutor–. No tiene ningún secreto: basta regarlo todos los días. Eso sí, durante 700 años.

No sé si la anécdota es realidad o leyenda, pero sirve para recordar que la reputación tiene más que ver con el cultivo que con la fabricación, requiere tiempos largos y genera entornos atractivos. Así como no es posible forzar el tiempo de los frutos, tampoco es posible forzar el tiempo de la reputación, que presupone trabajo bien hecho, durante largo tiempo.

El cultivo comienza con la siembra. En mi opinión, las "semillas" de la reputación son lo que podríamos llamar "atributos causales", es decir, aquellos rasgos de la identidad y de la cultura que –cuando maduran– acaban causando "atributos de imagen"; esas semillas son los intangibles positivos o negativos de la forma de ser, de actuar y de hablar que se proyectan hacia

---

Figura 10
Proceso de maduración de la reputación que termina en fruto

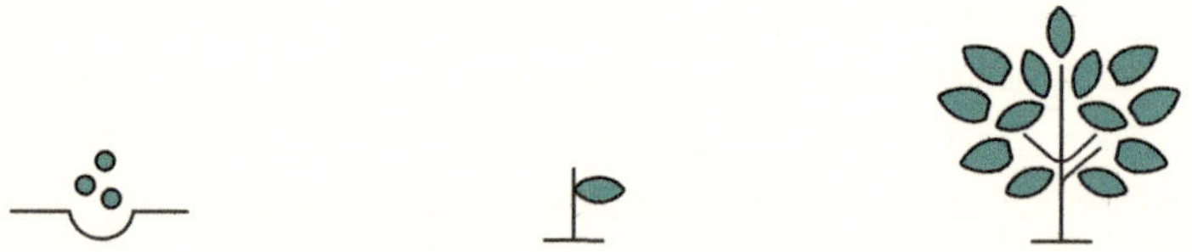

Siembra	Maduración	Fruto
Atributos causales		Atributos de imagen
Creatividad	>	Liderazgo
Honradez	>	Credibilidad
Trabajo	>	Calidad

fuera y generan percepciones favorables o desfavorables en los *stakeholders*. Cabría hacer una correlación entre los atributos causales y los de imagen: la creatividad se percibe como liderazgo; la honradez, como credibilidad; el trabajo bien hecho, como calidad.

Si se acepta esta dinámica de formación de la reputación, se comprende que para mejorar las percepciones hay que trabajar en los planos de la identidad y de las relaciones: en definitiva, para mejorar la reputación hay que mejorar la realidad.

Esta reflexión nos devuelve a las preguntas con las que comenzamos este apartado: ¿de quién depende la reputación?, ¿quién influye en ella?

Empleados

En coherencia con lo que hemos dicho hasta ahora, hemos de concluir que el cultivo de la reputación es responsabilidad de todos los que forman parte de la organización.

Todos los empleados pueden aportar algo a los atributos causales: crear una cultura que genere percepciones que se reflejen después en la imagen. Son los empleados –no la organización de modo anónimo– quienes mantienen las relaciones y las conversaciones, los que actúan, hablan, escuchan, atienden a las personas.

Hemos dicho que una organización es como una gran superficie de *touchpoints*: innumerables puntos de contactos con clientes, estudiantes, o pacientes si se trata de un hospital. En cada uno de esos *touchpoints* hay un empleado que entra en relación con alguien y le deja una buena o mala impresión. Por eso, los profesionales que forman parte de la organización bien pueden entenderse a sí mismos como protagonistas y embajadores de la reputación.

Dicho de otra manera, la reputación no es una actividad sectorial, propia y exclusiva de un departamento, sino una dimensión de la organización. Las instituciones tienen una dimensión económica: todos han de saber cuánto cuestan las cosas, todos han de tomar decisiones responsables, todos han de preocuparse de las cuestiones tangibles. Algo similar sucede con la reputación: todos han de compartir la actitud de transparencia, participar en la conversación pública, preocuparse de los intangibles. Solo entre todos se pueden desarrollar con calidad los distintos aspectos de la actividad; solo entre todos se puede atender al conjunto de los *stakeholders* de acuerdo con sus expectativas.

Algunos autores hablan de *alineación* de los empleados con la organización. Personalmente, prefiero usar esa palabra referida a cosas: objetivos, estrategias, políticas, incentivos. Para las personas me parecen más adecuados los verbos compartir, participar, involucrar (*involve, engage*). Quizá es una consecuencia práctica del "paradigma antropológico": de las personas hay que hablar siempre considerando su libertad.

La participación (activa) de los empleados se logra cuando conocen y comparten libremente la identidad, ayudan a crear la cultura corporativa, emplean consciente y libremente un discurso lleno de sentido, cuidan las relaciones y mantienen conversaciones significativas. En definitiva, el cuidado de la reputación ha de formar parte de la cultura de una organización, si se quiere que crezca sobre bases sólidas.

Directivos

Por otra parte, si el cultivo de la reputación afecta a la identidad de una organización; si la buena fama ayuda a alcanzar sus objetivos estratégicos; si constituye una ventaja competitiva; si todo esto es así, hemos de concluir que el responsable de la reputación es el responsable de la organización. A los órganos de gobierno corresponde conservar y acrecentar tanto el patrimonio tangible como el patrimonio intangible de la institución, contando con el conjunto de los profesionales.

Visto en negativo, podemos recordar que la mayor parte de las crisis reputacionales han sido causadas por comportamientos irregulares de los altos directivos. En general, la conducta incorrecta de los empleados puede causar problemas, pero no suelen generar crisis reputacionales, puesto que no representan a la institución en su conjunto. Solo quienes toman decisiones corporativas pueden comprometer a la organización como tal.

En positivo, solo los directivos pueden adoptar las determinaciones que el cultivo de la reputación requiere. Recordemos las recomendaciones de Halpern: el compromiso de una institución con sus valores se nota en los criterios con los que se contrata, se despide, se promociona y se incentiva (Halpern & Lobos, 2018). Todas son decisiones que competen a la alta dirección.

Esta responsabilidad sobre la reputación reclama una forma particular de gobernar. O, parafraseando a un conocido filósofo, "una nueva sensibilidad directiva" (Llano, 1988). Una forma de dirigir:

> que tenga en cuenta los valores tangibles y también los intangibles;
> que sepa dirigir en función de la misión, sin perder de vista los objetivos;
> que sea capaz de establecer relaciones sólidas;
> que sea transparente y diga la verdad;
> que sepa escuchar y dialogar;
> que implique a los empleados y fomente su participación;
> que se sienta responsable del bien común.

Este es el perfil de los directivos que se hacen responsables de la reputación (Meyer & Kirby, 2010).

Al hablar de gobierno de la reputación, de la "sensibilidad directiva", vale la pena traer aquí una larga cita de Peter Drucker, que acierta a armonizar el gobierno y la comunicación, la dimensión personal y la corporativa: "el directivo no maneja a las personas. Él crea motivos, guía, organiza a las personas para que realicen su propio trabajo. Su herramienta, su única herramienta para hacerlo es la palabra hablada o escrita o el lenguaje de los números. Su efectividad depende de su capacidad de escuchar y de leer, de su capacidad de hablar y de escribir. Necesita habilidad para transmitir su pensamiento a otras personas, así como habilidad para descubrir qué es lo que buscan los demás. El directivo debe comprender el sentido de la antigua definición de retórica como 'el arte que atrae el corazón de los hombres hacia el amor al conocimiento verdadero'. Sin capacidad para crear motivos por medio de la palabra escrita o hablada o del número expresivo, un directivo no puede tener éxito" (Drucker & Prats, 1972).

En resumen, los directivos son responsables de la buena o de la mala reputación de su institución. En el siguiente apartado veremos si pueden gestionarla y cómo.

Capítulo 4

¿Cómo se cultiva la reputación?

A lo largo de estas páginas hemos reiterado que la reputación no se posee; no se controla; ni siquiera se puede gestionar, en sentido estricto. La reputación se forma "ahí fuera", en la opinión pública, merced a las profundas influencias del entorno. El jardinero no puede planificar la lluvia, ni acelerar el crecimiento, ni clonar los frutos.

De hecho, algunos autores han aplicado a la reputación el conocido mecanismo de la "intención paradójica": hay objetivos que, cuanto más intensamente se persiguen, más se alejan (Origgi, 2018). Se puede decir de la felicidad y de otros valores intangibles. No cabe obsesionarse con conseguir la felicidad, hay que interiorizar sinceramente y buscar desinteresadamente los motivos que causan la felicidad (ideales altos, coherencia de vida, generosidad), en sí mismos, no por su utilidad; y después la felicidad llega (o no, porque en el mundo de los intangibles las relaciones causa-efecto no son evidentes).

El concepto de intención paradójica es compatible con la idea de *fruto* que estamos manejando en estas páginas. Un fruto no es un objetivo. No se busca directamente, sino que llega cuando se respeta el proceso natural que lo hace madurar. Para conseguir buena reputación hay que adoptar los comportamientos correctos por su valor intrínseco, como fines, no como medios.

Si quienes gobiernan las organizaciones pudieran controlar del todo los intangibles, la reputación sería solo cuestión de dinero y de poder. Y más bien vemos lo contrario: la reputación está con frecuencia amenazada por el abuso de dinero y de poder.

No se puede comprar la reputación, pero hay algo que se puede hacer: el proceso de formación de la reputación que hemos descrito con la metáfora del iceberg ofrece algunas pistas. En síntesis, el gobierno de la reputación consiste sobre todo en articular medidas que aseguren la *coherencia* de la organización, tanto interna como externa. Una adecuación entre lo que es, lo que hace y lo que dice; entre lo que promete y lo que entrega; entre lo que proyecta y lo que se percibe.

En ese sentido, el cultivo de la reputación tiene dos momentos claramente diferenciados: medir y dirigir.

Si pensamos en la definición clásica de la *prudencia* (la cualidad directiva por excelencia), recordaremos que se resume en dos verbos: conocer adecuadamente la situación que se plantea (dimensión intelectual) y decidir de modo correcto (dimensión de la voluntad) (Pieper, 2017). Ese esquema nos puede servir aquí y ahora.

Medir

Para empezar, es preciso conocer bien la realidad. Hace falta reunir la información sobre la organización y sobre su entorno, a partir de datos, números e indicadores que pueden ser muy variados (Delahaye, 2011).

Cuadros de mando e indicadores

Los cuadros de mando de las organizaciones cuentan con muchos tipos de indicadores. Aquí nos interesa destacar que, además de medir los aspectos tangibles de la actividad, es necesario definir indicadores no financieros que sirvan para medir los aspectos intangibles, como son la satisfacción de los clientes y la reputación (Carreras *et al.*, 2014).

Básicamente, podríamos distinguir cuatro tipos de indicadores, que se distinguen por su naturaleza (cuantitativos y cualitativos) o por su presentación (agregados o desagregados). Además, cada una de esas categorías de indicadores pueden obtenerse de fuentes internas o externas, como veremos.

Indicadores cuantitativos

Los indicadores cuantitativos son los que se usan de modo más frecuente. Cada sector tiene sus particularidades, pero si pensamos de nuevo en la universidad, cabe señalar: resultados académicos, empleo de los graduados, publicaciones, citas, etc. Todos esos aspectos –que son tangibles, pero que a la vez expresan el intangible de la calidad– se pueden expresar en números, y en general se pueden comparar con los de otros años o con los de otras instituciones.

Toda organización tiene que recoger y agregar la información crítica, la que afecta a su *core business*. Aquello para lo que existe, lo que se espera de ella, aquello en lo que no puede fallar. Por supuesto, son imprescindibles los datos relativos a los aspectos tangibles. Pero hay que encontrar indicadores cuantitativos para analizar aspectos intangibles: el conocimiento de la identidad por parte de los empleados, la implantación de la cultura corporativa, la difusión del discurso, la solidez de las relaciones, el contenido de las conversaciones, las percepciones de los *stakeholders*, los rasgos de la imagen, el nivel de recomendación (Delahaye, 2011).

Hay que medir sobre todo los intangibles que se consideran estratégicos. Es decir, hay que volver la mirada a los valores por los que la organización quiere ser reconocida, a los intangibles que constituyen su compromiso. De otro modo, podría producirse una fractura: que los atributos de marca se elaboren en el departamento de *marketing*, presentando una imagen idealizada y realizando promesas inalcanzables; y que los indicadores se elaboren en el departamento financiero, atentos solamente a los resultados económicos. Hay que comprobar que la promesa se ha cumplido y rectificar si hace falta.

Los indicadores cuantitativos pueden ser de origen interno o externo. Los primeros son los resultados de la actividad, tal y como los conoce la organización. Los segundos proceden de fuentes externas y los proporcionan otras instancias.

En el sector educativo, por ejemplo, importan las acreditaciones y los certificados –que son externos a la organización–, porque aportan objetividad y legibilidad a los datos. Si los profesores no logran acreditarse o sus publicaciones no son aceptadas, hay que revisar la calidad de los procesos internos, por mucho que los indicadores internos no hayan mostrado el problema.

Los *ranking*s merecen una mención especial, como fuente externa de información. Ya dijimos que probablemente el interés por la reputación está históricamente vinculado al comienzo de estas clasificaciones, concretamente a la que publica la revista *Fortune*. En el caso de las universidades, los *rankings* recogen datos objetivos de carácter público, relativos a productividad científica y publicaciones, entre otros. Estos sistemas de ordenación valoran también los elementos subjetivos, las opiniones procedentes de encuestas, a las que responden académicos, empleadores u otros grupos.

Aunque son siempre parciales y tienen valor relativo, los *rankings* cumplen una función social, porque ordenan información que está muy dispersa. Y, a la vez que informan sobre las organizaciones con más reputación, se convierten ellos mismos en fuentes de reputación. Es un proceso circular.

En resumen, las instituciones necesitan disponer de un cuadro de indicadores cuantitativos, que mida los resultados de la actividad, en sus aspectos tangibles e intangibles, acudiendo tanto a fuentes internas como externas.

Indicadores cualitativos

Conocer y medir la realidad no se reduce a reunir datos, implica también capturar percepciones. Hay que contar con lo que aportan las conversaciones, las encuestas, los *focus group*. Son trabajos más difíciles de sistematizar, pero constituyen una herramienta imprescindible para la gestión de los intangibles.

Estos indicadores proceden generalmente de la investigación cualitativa y especialmente de las encuestas a los grupos de interés. La distinción entre indicadores internos y externos se puede aplicar aquí en función de los grupos de interés: son internos cuando se refieren a *stakeholders* primarios que podemos considerar parte de la organización, como los empleados; en los demás casos, son indicadores externos.

La investigación cualitativa sirve para conocer la organización y las opiniones que los *stakeholders* tienen sobre ella: cómo nos vemos, cómo nos ven. Pero, además, ayuda a conocer mejor a los *stakeholders* en sí mismos, que son grupos de personas en permanente evolución. La organización necesita identificar sus características, sus expectativas, sus demandas, los cambios en sus opiniones y en sus comportamientos: todo aquello que influye o puede llegar a influir en una relación mutuamente satisfactoria.

En el primer capítulo señalábamos la importancia del entorno en la formación de la reputación. Y nos referíamos a la necesidad de desarrollar la inteligencia contextual, para estar en condiciones de leer e interpretar el entorno. Al pensar en las métricas, las organizaciones no deben olvidar este punto. Al contrario, han de contar con indicadores cuantitativos y cualitativos que les sirvan para detectar nuevas tendencias en sus primeras fases de desarrollo, personas con especial capacidad de influencia, ideas con potencial, etc. En el ámbito de la comunicación corporativa, las relaciones públicas y la gestión de los asuntos públicos se estudia el *issues management*, muy relevante en el marco de lo que estamos tratando.

En definitiva, es preciso conocer los factores que influyen en el ecosistema que rodea a la organización. Con ese conocimiento, se podrá salir al paso de los cambios o incluso adelantarse a ellos.

En resumen, los indicadores cualitativos son necesarios para conocer y medir el estado de los intangibles en la propia organización, en sus *stakeholders* y en el entorno. Para ello, la organización ha de realizar investigación cualitativa de modo regular.

◇◇◇◇◇◇◇◇◇◇◇◇◇◇◇◇◇◇◇◇◇◇◇◇◇

A la hora de medir la reputación, se plantean con frecuencia algunas cuestiones: ¿vale la pena contar con un indicador único que sirva para medir específicamente la reputación? ¿O es más conveniente disponer de múltiples indicadores que midan el nivel de reputación en cada uno de los elementos que conforman la reputación (por ejemplo, competencia, honestidad, conectividad, transparencia, responsabilidad), o en cada uno de los *stakeholders*?

Las dos opciones tienen sus pros y sus contras. Pero aquí podríamos concluir que conviene disponer de los dos tipos de indicadores, uno agregado y múltiples desagregados.

Indicador agregado

Es relevante contar con un indicador sintético, puesto que la reputación es de por sí un valor agregado: un sumatorio de intangibles. Y también porque la opinión pública –que es donde la reputación madura– es un entorno de por sí "agregador".

Ese indicador único puede lograrse con una sola o con muy pocas preguntas, formuladas a los diferentes *stakeholders* (se entiende que en todos los casos se pediría una concreción: un valor entre 1 y 10, por ejemplo).

La pregunta directa resulta en cierto modo tautológica: "¿qué nivel de reputación considera que tiene esta organización?" Quizá es más certera la pregunta planteada de este modo: "¿en qué medida recomendaría usted esta organización a otros?"

También puede complementarse con otras dos preguntas, formando así una escala:

> › "¿en qué medida ha quedado satisfecho de la experiencia?";
> › "¿en qué medida repetiría usted la experiencia?"

Carreras *et al.* señalan que con tres preguntas podemos identificar el nivel de satisfacción, el de lealtad y el de recomendación, es decir, la escala de actitudes que mencionamos en su momento.

Este indicador único tiene gran valor para la gestión de la reputación: es estratégico en la medida en que es simple, fácil para comunicar a toda la organización, para comparar y para hacer seguimiento con regularidad.

Pero, a la vez, el indicador único no ofrece pistas concretas para la acción, para la mejora. En ese sentido, son útiles los indicadores desagregados.

Indicadores desagregados

Para cultivar la reputación es necesario contar con información que oriente, que señale caminos de mejora. Para ello se necesitan indicadores detallados. Mencionaremos aquí dos formas de desagregación, entre otras posibles:

1. indicadores para cada *stakeholder*: parece claro que una de las formas más útiles de medir la reputación es distinguiendo entre los diferentes *stakeholders*. Como decíamos, no hay una, sino múltiples reputaciones: la propia de cada grupo de interés. Siguiendo con el ejemplo de las universidades, es muy relevante conocer de cerca y por separado la valoración de los estudiantes, los empleados, los antiguos alumnos, etc. Como se ha dicho, sus expectativas son diferentes, a veces contradictorias, y el indicador único no ayuda a orientar la relación específica que se mantiene con cada uno de ellos. Entre las cuestiones que conviene plantear a cada *stakeholder* podemos mencionar siete que parecen fundamentales: expectativas, experiencias, percepciones, opiniones, peticiones, quejas, sugerencias;

2. indicadores para cada elemento que forma la reputación: cada organización ha de identificar los intangibles por los que desea ser reconocida y cuáles son aquellos por los que de hecho es conocida. Hemos mencionado las propuestas de diferentes autores sobre este tema. Y

decíamos –a modo de ejemplo– que los intangibles más frecuentemente citados son: competencia, honestidad, conectividad, transparencia y responsabilidad. Por tanto, sería necesario establecer indicadores capaces de medir esos intangibles. Algunos tendrán carácter cuantitativo y otros cualitativo, y juntos deberán aportar una mirada completa sobre el desempeño de la organización en estos aspectos, en relación con cada uno de los *stakeholders*. Estos indicadores son especialmente útiles a la hora de encontrar líneas de mejora.

◇◇◇◇◇◇◇◇◇◇◇◇◇◇◇◇◇◇◇◇◇◇◇◇◇◇

"No se puede gobernar lo que no se puede medir": es un lugar común de la literatura del *management*. Se necesitan indicadores cuantitativos y cualitativos, de origen interno o externo, sintéticos y desagregados, para medir aspectos tangibles e intangibles. Entre todos, aportan el conocimiento necesario, que es la base de la labor de gobierno. Las organizaciones que usan bien las métricas desarrollan la inteligencia contextual, a la que nos hemos referido antes.

Podríamos añadir que un buen *set* de indicadores sirve para tener una visión 360º de la organización, que abarca todas las áreas de actividad y todos los *stakeholders*.

Al final, las métricas diseñadas con sentido estratégico contribuyen a que la alta dirección tenga una visión integral de la empresa, sin silos, interconectada. También las métricas pueden tener carácter performativo, potencia transformadora, como las palabras.

Dirigir

Los especialistas en gestión suelen señalar que un líder debe enfocar su tiempo principalmente en tres actividades, las cuales son exclusivas de su rol: inspirar a las personas (comunicar la visión y hacer que se sientan parte de ella), tomar decisiones (que son propuestas y esperadas por muchas partes interesadas) e innovar (implementar los cambios necesarios para la organización). Estas son responsabilidades fundamentales que solo un líder puede asumir y desempeñar de manera efectiva (Drucker & Prats, 1972). Los buenos gobernantes transforman la información en decisiones de cambio y ayudan a las personas a convertirse en agentes de cambio.

Hemos hablado de métricas y de conocimiento, de la dimensión intelectual y reflexiva del gobierno. Lo que se conoce sobre la organización, sobre sus *stakeholders* y sobre su entorno ayuda a comprender lo que va bien y lo que va mal. Pero no basta: el conocimiento tiene que desembocar en conclusiones operativas, que deben llegar en forma de propuestas a los equipos de gobierno de las organizaciones. A ellos les corresponde tomar decisiones y aplicarlas.

Decidir

Tomar decisiones acertadas parece fácil pero no lo es. Para empezar, las organizaciones reúnen numerosos datos y abundantes percepciones internas y externas, pero con frecuencia están poco sistematizados, especialmente cuando se refieren a los intangibles. No sucede lo mismo con los datos económicos, sobre los que generalmente existe mucho control. Pero ¿y sobre el clima laboral, la satisfacción de los clientes, las opiniones de la comunidad en la que operamos? ¿Cómo hacerse cargo de esas realidades? No falta información, pero muchas veces está fragmentada, desordenada, no suele ser regular ni completa.

Por eso, el trabajo directivo implica convertir la estadística en estrategia, es decir, reunir, agregar, ordenar los datos; y después estudiarlos, interpretarlos y sacar consecuencias prácticas que ayuden a convertir el conocimiento en palanca de cambio y de mejora. Desde luego, en este aspecto de la acción directiva se requiere una buena dosis de autocrítica.

Es importante que el *feedback* de los grupos de interés se plasme en decisiones. Por ejemplo: si llegan múltiples sugerencias de los empleados y nunca pasa nada, esas personas se desmotivan, no serán protagonistas ni embajadores de la reputación, sino de la decepción. Si sucede lo mismo con los *stakeholders* externos, la pasividad hace que los vínculos se debiliten, las conductas de valor se modifiquen, hasta poner en riesgo el patrimonio intangible de la organización.

En definitiva, a la mesa en la que se toman las decisiones tienen que llegar propuestas operativas, fruto de las métricas, que se refieran a los valores tangibles (finanzas, operaciones, instalaciones, compras, inversiones) y a los intangibles (posicionamiento respecto a la competencia, tendencias que pueden influir, riesgos y oportunidades reputacionales).

Por tanto, la gestión de los intangibles ocupa espacio directivo, igual que la gestión de los tangibles. Es una inversión rentable, dedicar tiempo de calidad a las decisiones que dan respuesta al *feedback* recibido. Es lo que mantiene la organización en movimiento, lo que permite redefinir el proyecto de modo constante, para conservar la diferenciación y la relevancia.

En el contexto de la toma de decisiones se entiende el alto valor de la prudencia, la cualidad que ayuda a reunir la información, a tomar decisiones acertadas, respetando los tiempos y los modos.

Innovar

Con frecuencia, se considera que las fuentes de la innovación son la creatividad, la tecnología, la mentalidad disruptiva, el *benchmarking*. Y es cierto. Pero en el contexto de este libro, podemos añadir que una de las fuentes más poderosas de la innovación es la escucha de los *stakeholders*. Ellos muestran a la organización lo que va bien y lo que puede mejorar. Si la organización está atenta, tendrá en sus empleados y en sus clientes auténticos promotores de innovación permanente.

Sabemos que el cultivo de la reputación es un proceso que comienza dentro y sigue fuera. Ahora podemos añadir que ese proceso continúa de fuera hacia adentro: de fuera llegan las ideas para implementar dentro los cambios que se necesitan para mejorar. Es un proceso que tiene algo de circular. La gestión de la reputación implica la acción permanente de innovar.

La actividad de innovación está conectada con la necesaria apertura al cambio que requieren la acción directiva en particular y la vida de las organizaciones en general. Las instituciones que perviven son las que saben navegar en entornos cambiantes, manteniendo su identidad y renovando continuamente su propuesta de valor.

La resistencia al cambio es uno de los obstáculos más comunes para la innovación. Quizá por esa razón, el *change management* se ha convertido en una disciplina específica de la formación directiva (Kotter, 1996). En la gestión de los intangibles es una perspectiva particularmente necesaria.

Todo el proceso de formación de la reputación implica capacidad de escuchar a los *stakeholders*, tomar decisiones innovadoras e implementarlas con eficacia. Para que los *stakeholders* cambien de opinión, y conviertan un juicio desfavorable en otro favorable, han de percibir un cambio de la organización en los aspectos que les han parecido negativos. El cambio interno precede al cambio externo (B. Walker & Soule, 2017).

En suma, el gobierno de los intangibles por parte de los directivos lleva consigo una función transformadora de las organizaciones.

Gestionar el cambio

A lo largo de nuestra travesía, estamos profundizando en el concepto de reputación, la confianza que la opinión pública ha depositado en una organización, gracias a su conducta coherente. Hay coherencia entre lo que es, lo que hace y lo que dice, se comporta de manera honesta y transparente. En otras palabras: como decíamos, la reputación es calidad percibida. Los clientes, los usuarios, los *stakeholders*, perciben el buen comportamiento y están dispuestos a recomendar la organización.

Esta forma de entender la reputación nos ha llevado a una conclusión: si queremos mejorar la reputación, debemos mejorar la realidad. Para que los demás puedan cambiar y mejorar su percepción, deben observar que la organización cambia y mejora. En resumen, para aquellos que quieren adquirir una buena reputación y merecer la confianza de sus *stakeholders*, la gestión del cambio se convierte en una actividad estratégica.

En realidad, nos enfrentamos a un tema clásico de la gestión empresarial, ya que gobernar siempre implica adaptarse a los cambios del contexto (Kotter, 1996, 2016): aprovechar oportunidades inesperadas, resolver problemas imprevistos, esquivar amenazas inminentes.

Siempre ha habido cambios, pero los que vivimos tienen algunas características diferenciales propiciadas por la tecnología: la amplitud (los cambios alcanzan todos los países, se convierten en globales); la profundidad (las transformaciones no son tecnológicas, sino culturales y relacionales); y la velocidad (los efectos de los cambios antes tardaban siglos en llegar, ahora no).

Antes, gobernar significaba orden, planificación, organización, control. Ahora, además de esas actividades, se requieren capacidades como la orientación, la flexibilidad, la rapidez, la capacidad de aprender lo nuevo y de desaprender lo viejo. Los intangibles adquieren mayor valor.

Las organizaciones sostenibles son capaces de adaptarse a las cambiantes circunstancias del entorno sin perder su propia identidad. Y esta es misión esencial de las personas con responsabilidades directivas.

Inspirar

Por último, el directivo ha de dedicar buena parte de su tiempo a inspirar a los empleados, compartiendo la visión, el propósito, los valores, los objetivos estratégicos, los proyectos. Esa tarea ayuda a crear cultura corporativa y fomenta los comportamientos coherentes (Schein, 2004).

Las leyes de la física enseñan que, si se aplica un impulso puntual a un objeto, se produce un movimiento uniformemente desacelerado, debido a la resistencia que encuentra, hasta que se detiene. Por el contrario, cuando el impulso es constante, el movimiento que resulta es uniformemente acelerado.

De alguna manera, el esfuerzo de los directivos por inspirar a los empleados y crear cultura es el impulso constante que necesitan las organizaciones para que el cuidado de la reputación sea sostenible, duradero, no efímero.

Una vez que la misión y la hoja de ruta están claras, la eficacia y el éxito dependen de que los equipos las tengan en cuenta en sus decisiones cotidianas.

<><><><><><><><><><><><><><><><><><><>

Decidir, innovar, gestionar el cambio, inspirar. Son las acciones más específicamente directivas, las que merecen mayor inversión de tiempo por parte de quienes gobiernan. Quien dirige se apoya en la labor de medición, que hemos mencionado antes. Y necesita también comunicar. Veamos en el siguiente capítulo la aportación de la comunicación al cultivo de la reputación.

Capítulo 5

¿Qué aporta la comunicación al cultivo de la reputación?

El cuidado de la reputación es misión de todos los empleados y es responsabilidad primordial de los directivos. Pero, del mismo modo que hace falta un departamento que coordine los asuntos económicos y gestione los valores tangibles, todo equipo de gobierno necesita contar con profesionales que ayuden a gestionar los valores intangibles.

En algunas instituciones, este encargo se asigna al departamento de comunicación. En otras son áreas o departamentos diferentes los que asumen esta responsabilidad: asuntos públicos, relaciones institucionales, etc.

Como dijimos, Younger y Waller no ven claro que la reputación sea una competencia de los departamentos de comunicación. Piensan que, si lo es, los directivos pueden deducir que los problemas de reputación son problemas de comunicación, cuando sabemos que se deben sobre todo a los comportamientos corporativos. También Halpern alerta sobre este punto: las respuestas de comunicación a las consecuencias de los comportamientos inadecuados son insuficientes. Son observaciones muy pertinentes.

Sin embargo, a mi juicio, los departamentos de comunicación están en condiciones de asumir la responsabilidad de cuidar de los intangibles, si desempeñan su trabajo de modo estratégico. El carácter relacional y dialógico de su actividad, su conocimiento del entorno, su capacidad narrativa, son una ayuda en esa tarea.

Van Riel, profesor de comunicación corporativa, que fundó con Fombrun el Reputation Institute, ha defendido el rol de los departamentos de comunicación en la gestión de los intangibles (Fombrun & Van Riel, 1997). Por su parte, Argenti ha señalado que este departamento puede aportar visión de conjunto y mirada a largo plazo, que ayudan a introducir mejoras en la organización (Argenti *et al.*, 2014).

En todo caso, hay que aclarar que el papel del departamento de comunicación en el cultivo de la reputación no es exclusivo ni excluyente. Consiste sobre todo en ayudar a la dirección a asumir su responsabilidad en este terreno; a los empleados a sentirse protagonistas y embajadores de la reputación; a todos los departamentos a participar en lo que les corresponde, porque todos tienen su función. En definitiva, el departamento que gestiona los intangibles está orientado a crear y mantener una cultura corporativa favorable a la coherencia que la gestión de la reputación lleva consigo (Gregory & Willis, 2013).

Al pensar en el trabajo del departamento de comunicación en el cultivo de los intangibles podemos considerar dos aspectos: las tareas que realiza; la visión con que las lleva a cabo.

Responsabilidades y competencias del departamento de comunicación

Generalmente, las tareas del departamento de comunicación se describen de acuerdo con el esquema clásico de funciones, que incluyen:
  › las relaciones con los medios;
  › las relaciones institucionales;
  › la comunicación interna (muchas veces compartida con el departamento de recursos humanos);
  › la gestión de la marca (que pueden compartir con el área de *marketing* o los departamentos de ventas);
  › la responsabilidad social;
  › la resolución de crisis;
  › y la comunicación a través de las plataformas digitales.

De acuerdo con lo que hemos expuesto hasta ahora, vamos a presentar las tareas de los departamentos de comunicación a partir del proceso de formación de la reputación que hemos descrito, con ayuda de la metáfora del iceberg, que nos marca la ruta. Recordemos que se trata de un modelo 3x3:

> tres ámbitos (organización, *stakeholders*, entorno);
> tres momentos dentro de cada uno de ellos (identidad, cultura y discurso; relación, conversación y percepción; imagen, reputación y autoridad).

En el ámbito de la organización

Fijar y expresar la identidad

La primera tarea del departamento consiste en ayudar a hacer explícita la identidad corporativa. El departamento de comunicación no "decide" la identidad, no es el "dueño" de la marca: esa misión corresponde a los fundadores de la organización, a la alta dirección, es un patrimonio común. La misión del departamento es más bien fomentar un proceso corporativo de reflexión que ayude a fijarla, expresarla, asumirla.

En primer lugar, fijarla, porque con cierta frecuencia los rasgos de la identidad corporativa están relativamente difuminados. O bien porque el tiempo favorece el olvido, o porque los textos fundamentales no se han actualizado y han perdido validez, o porque no se incorporan a la identidad los proyectos estratégicos que van naciendo con el tiempo, marcando la dirección de la organización. Se necesita un trabajo de síntesis, que enlace la memoria con las promesas, el origen con el proyecto. En definitiva, se trata de definir con claridad la marca, con sus atributos esenciales, que hacen que la institución sea única, distinta, reconocible. Esta tarea tiene que ser renovada periódicamente.

Una vez fijada –y aprobada en la sede correspondiente–, es necesario expresar la identidad en los textos, de manera sencilla y atractiva. De ese modo podrá ser conocida y asumida por todos los empleados de la organización, y en primer lugar, por los propios directivos. El conocimiento adecuado de la marca, la conexión con los valores asociados, implican un proceso de reflexión colectiva, que permite llegar a una identidad corporativa refleja, compartida. Va mucho más allá del uso correcto del logo.

La identidad expresada en la marca genera sentido de pertenencia dentro de la organización: los empleados se reconocen en la marca y sienten el orgullo de formar parte de ella. Y, hacia fuera, la marca posibilita la diferenciación, la *distinctiveness*: la opinión pública está en condiciones de reconocer a la organización.

Esta primera tarea del departamento de comunicación –la arquitectura de la marca– implica cercanía con la alta dirección, que es quien define la identidad y quien elige los proyectos estratégicos de la organización.

Cualificar la cultura

La segunda tarea del departamento de comunicación es ayudar a que la identidad impregne la cultura corporativa. A su vez, esta tarea tiene dos dimensiones.

Ante todo, el departamento de comunicación ha de buscar lo que podríamos llamar "aplicaciones de la marca en la cultura". Son muy claras las aplicaciones de la identidad gráfica: en textos, diseños, anuncios, redes. El departamento de comunicación tiene que ayudar a la dirección a encontrar también las "consecuencias culturales" de la identidad: en las políticas de personal, en las relaciones con los usuarios, en el ambiente de trabajo, en la decoración de la sede, en el comportamiento corporativo, en los eventos que se organizan, en todas las acciones.

En páginas anteriores nos hemos referido a la capacidad y a la personalidad, a la *performance* y al *delivery*. Son ámbitos donde se pueden encontrar aplicaciones prácticas de la identidad a la cultura. Conviene recordar también las recomendaciones de Halpern: la importancia de que los valores se reflejen en los criterios de contratación y despido, de remuneración e incentivación (Halpern & Lobos, 2018).

Una segunda dimensión de esta tarea de ayudar a que la identidad impregne la cultura consiste en cualificar la comunicación interna, de manera que se reconozca a los empleados como protagonistas y embajadores de la marca; que se les considere partícipes y no meros destinatarios de información; que se cuente con ellos para encarnar los valores y para mantener relaciones con los interlocutores de la organización.

En consecuencia, los empleados son las personas que han de estar más y mejor informadas, las que antes han de conocer las noticias relevantes, y han de ser también las más escuchadas, aquellas cuyas sugerencias son tenidas en mayor consideración. La excelente comunicación interna es una manifestación del compromiso de la organización con sus propios empleados. Y, como sabemos, son los empleados los que crean la cultura corporativa.

Esta tarea de aplicar la identidad a la cultura lleva asociada la necesidad de crear alianzas internas con otros departamentos de la organización.

Sobre todo, con los de personas, pero en realidad con todos, porque todos juegan un papel en el cultivo de la reputación. El departamento de comunicación actúa como creador de redes internas.

Elaborar el discurso y las narrativas

Una de las tareas más específicas del departamento de comunicación es la elaboración del discurso corporativo: las "narrativas de marca". Este trabajo incluye ideación de argumentarios, elección de fotografías, edición de vídeos, redacción de información para difundir interna y externamente. En definitiva, los departamentos de comunicación ponen palabras a la organización, con el fin de expresar los rasgos de su identidad y de su cultura.

Las decisiones y las acciones de la organización están acompañadas de sus correspondientes narrativas: requieren que se difunda información sobre los hechos, los motivos y los fines. El gobierno de una organización precisa de un relato que lo acompañe y lo explique a los diferentes *stakeholders*.

Los relatos corporativos no tienen por qué ser solo institucionales y formales. En realidad, constituyen un mosaico compuesto de múltiples historias, cada una de las cuales expresa un valor, un proyecto, un objetivo.

En el desarrollo de esta tarea, los departamentos de comunicación han de trabajar muy estrechamente con los de *marketing*, y con todos los que de alguna manera crean y difunden contenidos.

Decíamos que la marca genera sentido de pertenencia dentro de la organización y diferenciación fuera de ella. Podríamos añadir ahora que el discurso aporta sentido dentro de la organización: gracias a un discurso significativo, quienes trabajan en una institución disponen de contexto y motivación. Por otro lado, hacia fuera de la organización, el discurso genera inteligibilidad, es decir, facilita que la opinión pública comprenda mejor a la organización y sepa interpretar sus acciones.

En el ámbito de la relación con los *stakeholders*

Dibujar mapas de relaciones

Las relaciones con los distintos *stakeholders* se distribuyen entre diferentes departamentos de una organización. En una universidad, por ejemplo, diversas áreas se encargan de la relación con estudiantes, *alumni*, profesores, etc. La aportación del departamento de comunicación consiste en elaborar un mapa de esas relaciones, con una visión 360º. Es decir, se trata de identificar a los principales grupos de interés y de procurar que no haya relaciones meramente nominales, interlocutores desatendidos.

El mapa de *stakeholders* es una herramienta básica de los departamentos que gestionan los intangibles. Y, como hemos dicho al hablar de cultura, esa herramienta es especialmente necesaria para trabajar con los departamentos responsables de las relaciones con cada uno de los grupos de interés. Ayuda a consolidar esas alianzas internas necesarias para el cultivo de los intangibles.

Abrir y gestionar canales para las conversaciones

Una vez que se ha elaborado un mapa de relaciones con los *stakeholders* y se han identificado los departamentos responsables de cada uno de ellos, el departamento de comunicación ha de preocuparse de establecer canales de comunicación por los que puedan fluir, de modo bidireccional, esas múltiples conversaciones.

Volviendo al ejemplo de una universidad, sucede con cierta frecuencia que existen grupos de personas con los que no existen canales claros de comunicación: porque faltan los datos de contacto o porque no se ha diseñado una herramienta adecuada de comunicación (un boletín, una *app*, un evento). Ocurre con antiguos alumnos, empresas, familias de estudiantes, proveedores. El establecimiento de los canales es un requisito de la comunicación con los *stakeholders*.

Además, el departamento de comunicación ha de proporcionar contenidos para esos canales. Esta tarea es rica y variada. No se trata solamente de preparar materiales para su difusión, sino también de mantener vivas múltiples conversaciones, usando diversos lenguajes (escrito, audiovisual, etc.) y de estar atentos a la escucha.

Los profesionales de la comunicación saben que el "tono" es una parte importante del discurso y de la conversación: el modo en que se transmiten los contenidos. El tono expresa actitudes. Las cosas se pueden decir de muchas maneras: de forma serena o polémica, moderada o enfática, escueta o prolija, solemne o sencilla, formal o informal, seria o divertida... Los departamentos de comunicación han de elegir el tono corporativo y el que se adapta mejor a cada *stakeholder*, a cada canal, a cada contenido y a cada momento.

Lógicamente, las conversaciones que se mantienen con los diferentes *stakeholders* han de guardar coherencia: no tendría sentido que los mensajes no tuvieran unidad. Esta es otra función transversal del departamento de comunicación: lograr que la comunicación corporativa sea consistente.

Escuchar las percepciones

Las herramientas de difusión de contenidos se han desarrollado mucho y los departamentos de comunicación las ejercen con destreza. Sin embargo, a veces no se presta suficiente atención a la escucha, como parte del trabajo de comunicación. O, al menos, no es infrecuente que los canales de escucha estén menos desarrollados que los de difusión: tenemos claro qué queremos decir a nuestras audiencias; tenemos menos claro qué nos quieren decir nuestras audiencias. Esta es una de las áreas de la comunicación de las organizaciones donde hay más margen de mejora: la profesionalización de la escucha.

Se ha dicho que las organizaciones necesitan una "arquitectura de la escucha" (Macnamara, 2018). Se requieren recursos profesionales, como las encuestas, los *focus group*, o los que se consideren oportunos. Con el propósito de aplicarlos con la misma profesionalidad que poseen las herramientas de difusión.

Atendiendo a las percepciones de los *stakeholders* se les conoce mejor y el departamento puede establecer una comunicación más afinada con cada uno de los grupos de interés. Además, se conoce mejor a la organización, sobre la que tienen mucho que decir, y el departamento está en mejores condiciones de transmitir informaciones relevantes a los directivos.

En el ámbito de la opinión pública

Métricas de imagen, reputación y autoridad

Por lo que se refiere a la imagen, la reputación y la autoridad, que forman la parte más visible del iceberg, los departamentos de comunicación necesitan sobre todo instrumentos de medida. Métricas que les ayuden a cuantificar y cualificar la evolución de la imagen y la recomendación. Como hemos señalado ya, las métricas sirven para exponer a la dirección la aportación de valor, la contribución del trabajo de comunicación de forma bien documentada.

Las herramientas digitales han mejorado nuestra capacidad de medir: el impacto de las noticias en los medios de comunicación y en las nuevas plataformas, las repercusiones de las conversaciones en redes sociales, el tráfico de la web, los contenidos que más interesan, etc.

De esa labor de medición, el departamento de comunicación obtiene también un conocimiento certero del alcance de su trabajo, de la utilidad de las herramientas, de la calidad de sus contenidos, del interés de sus interlocutores. Y puede por tanto tomar decisiones fundadas con datos y mejorar su eficacia y su eficiencia.

Entre paréntesis, quizá no está de más recordar la importancia de la creatividad en la labor de comunicación: las métricas vienen después. Puede servir el ejemplo de las retransmisiones deportivas, donde todo se mide: tiempos, errores, aciertos. Pero lo importante es "jugar bien", no tener esos datos. Por esa razón hay que ver las métricas como palancas de cambio, como fuente de innovación y de mejora. Son un medio, no un fin.

Valorar y gestionar los riesgos

En las páginas anteriores hemos recordado cómo se cultiva y también cómo se puede perder la reputación. Sabemos ya que esa pérdida se puede prever a partir de algunos síntomas: la falta de coherencia o de ética en el comportamiento, el silencio inoportuno, el descuido de las relaciones.

Los responsables de los intangibles han de ser los "guardianes" de la reputación, los que vigilan atentamente los síntomas peligrosos, para poder anticiparse y proponer remedios. Actúan también como "conciencia" de la organización, que recuerda el deber de respetar la verdad y mantener la honestidad si fuera necesario. Y saben leer también en el entorno los cambios de clima que pueden afectar de alguna manera a la organización.

Para cumplir esta función preventiva, los departamentos de comunicación necesitan conocer profundamente la organización por dentro; tener información cualificada; y trabajar estrechamente con las áreas jurídicas y de *compliance*.

Muchas veces he escuchado decir al profesor Alfonso Nieto que una comunicación de calidad es como un seguro para la organización. Parece un coste superfluo, pero cuando llega el momento se comprueba que es la inversión más rentable.

Volviendo al ámbito de la organización

Presentar propuestas innovadoras

Es la última tarea del departamento de comunicación. Después de hacer todo el recorrido dentro-fuera, se vuelve a empezar. El departamento de comunicación no se limita a enviar información en un sentido o en otro, de la organización a los *stakeholders* y viceversa. No acaba su trabajo con las métricas. Además, tiene la responsabilidad de proponer, de identificar los puntos de mejora que suponen una aportación de valor para la organización.

Sucede que los departamentos de comunicación poseen un conocimiento amplio y profundo de la organización y de su entorno. Por la naturaleza de su trabajo, le llegan numerosos datos y abundantes sugerencias. Son como los ojos y los oídos de la organización, conocen detalles que otros ignoran. Eso les convierte en factor de cambio, fuente de innovación, si trabajan con visión de conjunto, sentido de responsabilidad, deseos de mejora. Y siempre que sean escuchados, lógicamente.

Así quedan resumidas las tareas del departamento de comunicación: gestionar la marca; potenciar la comunicación interna; elaborar el discurso; diseñar un mapa de relaciones; establecer canales de comunicación y mantener las conversaciones abiertas; escuchar las percepciones; medir los intangibles; prevenir los riesgos y presentar propuestas innovadoras.

En definitiva, el departamento de comunicación se ocupa de dinamizar el proceso de formación de la reputación, intenta que no se detenga en ninguna de sus fases.

Si tuviéramos que describir la actividad del departamento de comunicación de modo sintético, podríamos decir que se ocupa de que este proceso "sea verdadero", que la organización sea "auténtica", que exista coherencia entre lo que es, lo que hace y lo que dice. Que las percepciones se ajusten a la realidad.

Pasando de la metáfora del iceberg a la del fruto, el comunicador es como un jardinero que siembra, riega, cultiva, cuida y protege el patrimonio intangible de la organización.

Figura 11
Visualización de las competencias de la comunicación en la formación de la reputación

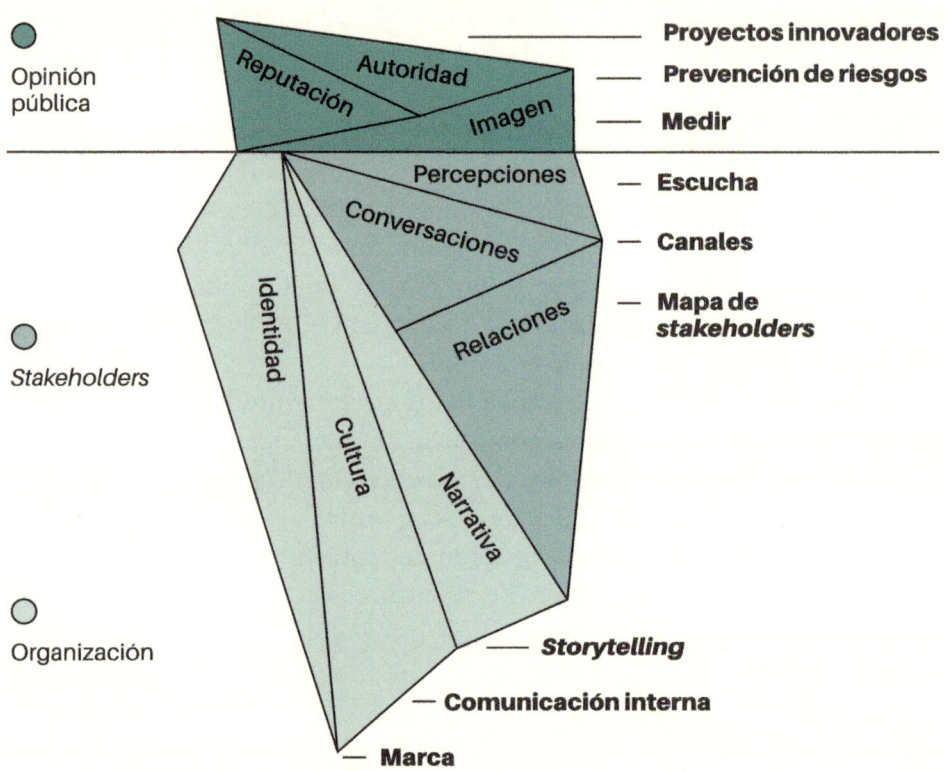

Visión estratégica del trabajo del departamento de comunicación

Cornelissen describe la *comunicación corporativa* como "una función directiva que ofrece un marco conceptual y un vocabulario para la coordinación efectiva de todos los medios de comunicación de una organización, con el propósito general de establecer y mantener relaciones favorables con los grupos de interés de los cuales la organización depende" (Cornelissen, 2011). Una función que se pone al servicio de la solidez de las relaciones de la organización.

Por su parte, Gregory y Willis han hecho notar que los altos directivos valoran cada vez más la comunicación y desean incluir a los directores de comunicación en los órganos de gobierno de sus organizaciones. Pero, con frecuencia, los altos directivos no logran encontrar candidatos que tengan la doble preparación que se requiere: un alto nivel de profesionalidad en el campo de la comunicación y, al mismo tiempo, cualidades de liderazgo y un elevado grado de profesionalidad en el campo del *management* (Gregory & Willis, 2013).

Quienes dirigen los departamentos de comunicación necesitan aprender el arte del gobierno y trabajar con enfoque estratégico, que implica visión de conjunto y mirada de largo plazo. De acuerdo con lo que hemos expuesto, para dirigir el departamento se requiere inteligencia social, que ayuda a entender el contexto; mentalidad directiva, que permite colaborar con la alta dirección; y demostrada capacidad de gestionar los intangibles.

Como decíamos en páginas anteriores, igual que a los departamentos financieros se les piden resultados tangibles, no solo conocimientos técnicos, de los departamentos de comunicación se esperan resultados intangibles que aporten valor a la organización.

En definitiva, el departamento de comunicación ha de desempeñarse con el mismo nivel de excelencia de los otros departamentos. Y el director de comunicación ha de tener reputación y autoridad para ser respetado y aceptado por otros directivos. Así alcanzarán su máximo potencial de contribución.

Figura 12
Propuesta sobre las tareas del departamento de comunicación de cualquier organización

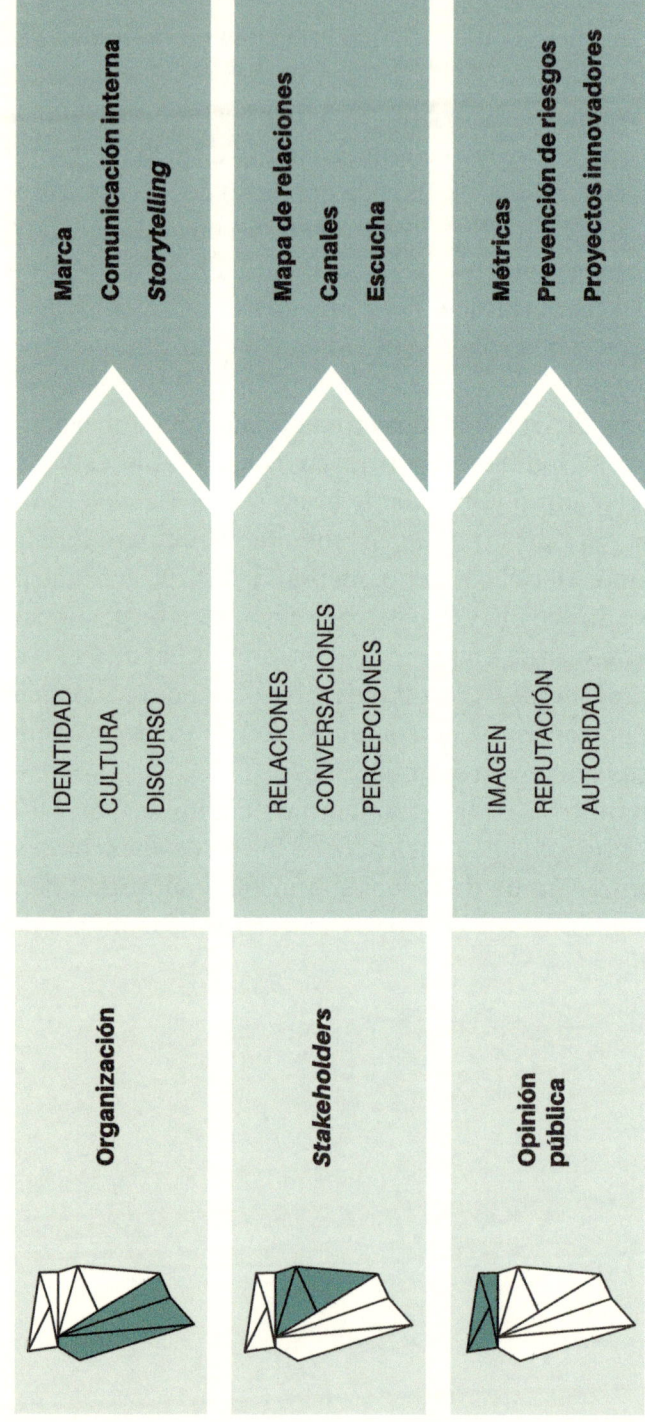

Organización

IDENTIDAD
CULTURA
DISCURSO

Marca
Comunicación interna
Storytelling

Stakeholders

RELACIONES
CONVERSACIONES
PERCEPCIONES

Mapa de relaciones
Canales
Escucha

Opinión pública

IMAGEN
REPUTACIÓN
AUTORIDAD

Métricas
Prevención de riesgos
Proyectos innovadores

Conclusión

En la primera parte de este trabajo hemos propuesto una definición de la *reputación* como: "el conjunto de valores intangibles que la opinión pública atribuye a una organización, como resultado del comportamiento de los *stakeholders*, dentro del marco de los valores socialmente aceptados, y que se concretan en una decisión de recomendación, que transforma ese conjunto de valores en un capital intangible, que genera resultados tangibles".

Era una definición de la reputación vista "desde fuera de la organización".

Más adelante, hemos propuesto una definición alternativa de la reputación, vista "desde dentro de la organización", como un proceso interno que genera consecuencias fuera. Esta versión se ajusta al modelo propuesto a través de la metáfora del iceberg: "la reputación es la recomendación que merece una organización cuando existe coherencia entre lo que es, lo que hace y lo que dice, mantiene relaciones positivas con todos sus *stakeholders*, sabe navegar en entornos cambiantes y se esfuerza sinceramente por contribuir a la sociedad en la que vive".

En esa perspectiva, se comprende que las organizaciones tienen ante sí tres grandes retos en el cultivo de la reputación.

Cualificar las tareas de gobierno

Ante todo, las organizaciones han de caer en la cuenta de que el gobierno de los intangibles se ha convertido en un aspecto crítico, que afecta incluso a la supervivencia. Lo mismo que se gobierna la cuenta de resultados y el balance, la productividad o los procesos, hay que aprender a gobernar las relaciones, hay que gestionar las conversaciones, hay que consolidar la reputación. Esta cualificación del gobierno requiere una renovada visión por parte de los directivos y probablemente también una renovación de su formación, acorde con el nuevo paradigma (Picci, 2011).

Cualificar la cultura interna

Las organizaciones han de tomar conciencia de que los empleados de una organización son los protagonistas y los embajadores de la reputación, los que mantienen las relaciones y las conversaciones con los *stakeholders*. En definitiva, los empleados son críticos para el cultivo de la reputación.

Cualificar las tareas de comunicación

Además de los gobernantes y de los empleados, los departamentos de comunicación tienen una función para la que han de prepararse: ser catalizadores, guardianes, cultivadores de la reputación, ayudando a los directivos, a los empleados y a todos los departamentos a hacer cada uno su parte. Para ello han de desarrollar un enfoque estratégico y no meramente técnico de la comunicación.

El cultivo de la reputación implica una mirada 360°, que abarque a todos los *stakeholders* y sea capaz de leer e interpretar el entorno. Lleva consigo una actitud de colaboración con todos los departamentos de la organización, que se concrete en alianzas, en proyectos compartidos que sirvan para superar los silos. Requiere una gran apertura y sensibilidad para la escucha. Reclama una mentalidad transformadora, orientada a la mejora permanente. Siempre con visión de largo plazo, que no piense solo en los éxitos inmediatos sino en la sostenibilidad de la organización. Sin perder de vista que las organizaciones tienen un deber de servicio a la sociedad en la que viven, han de realizar una contribución significativa.

La empresa es una comunidad de personas que sirve a otras personas dentro de una sociedad de personas. Las organizaciones tienen un deber de servicio a la sociedad en la que viven. La medida del valor reputacional asignado por la opinión pública es directamente proporcional a la medida de la contribución tangible e intangible de la organización a la sociedad.

Figura 13
El cultivo de la reputación implica una mirada 360°

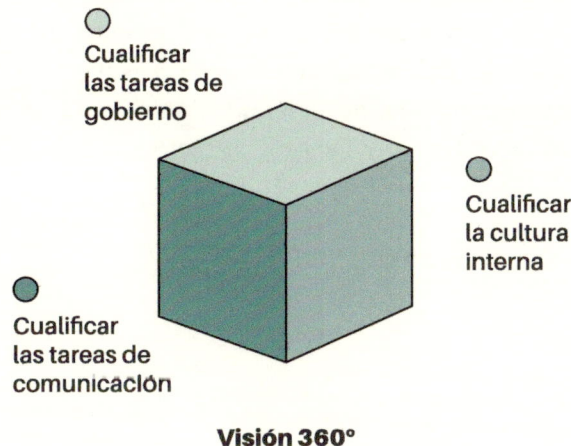

Los directivos y empresarios están seriamente preocupados por los cambios de percepción que su trabajo produce en la sociedad. Lo que antes era admiración se ha convertido a veces en rechazo. Ana Botín, presidenta de Banco Santander, inauguró la XII Conferencia Internacional de Banca, celebrada en la Ciudad Grupo Santander bajo el lema *Banking on trust*, en 2019. El encuentro reunía a más de 1.000 directivos internacionales, destacadas autoridades y expertos vinculados al mundo financiero. Sus palabras fueron muy claras: "hay algo que sabemos con certeza sobre la confianza: es difícil ganarla, pero muy fácil perderla. Seamos sinceros. Nosotros la perdimos. Y no fuimos los únicos. Los errores de unos pocos contaminaron la percepción de la opinión pública sobre todos nosotros. Políticos, empresarios, banqueros, eran personas que inspiraban confianza, de repente lo dejaron de hacer. Todos los sectores y las instituciones se vieron afectados y resultado de todo ello fue un ascenso del populismo. Aunque el populismo es el resultado de los desafíos globales a los que nos enfrentamos, no puede ser la respuesta. Necesitamos una respuesta amplia y generosa al problema de la confianza. Y creo firmemente en que las empresas pueden aportarla".

Quizá esa "respuesta amplia y generosa" tenga un punto de partida: repensar las organizaciones desde la contribución que realizan a la sociedad. Si se trabaja la reputación de forma interesada (buscando solamente los efectos beneficiosos que produce, como subir las ventas o mejorar la productividad) tarde o temprano la falta de convicción pasará factura. Si la reputación es solamente un maquillaje, se desvanecerá fácilmente.

El genuino sentido del cultivo de la reputación es mejorar la huella que la organización va a imprimir en la sociedad. Conviene no olvidarlo: a mayor contribución, más confianza y mejor reputación.

Epílogo
Crónica de un viaje.
El cultivo de la reputación
en la Universidad de Navarra

En las páginas anteriores hemos reflexionado acerca de la naturaleza y el cultivo de la reputación. En este epílogo nos proponemos resumir, también de modo sintético, el modo en que estos conceptos han encontrado aplicación en la Universidad de Navarra, entre los años 2013 y 2023. Lo expondremos con la forma de un viaje[1].

The Reputation Journey, el viaje de la reputación, es una expresión muy usada. Estas palabras se refieren a procesos que conocemos bien: las organizaciones descubren la importancia de la reputación, poco a poco entienden cómo funciona y se deciden a cultivarla. Llegan incluso a reorganizarse para hacer frente a los retos que plantea este valioso intangible. Pero todo esto lo hacen poco a poco. Con frecuencia no planifican los pasos *a priori*, sino que se van adaptando a las circunstancias. Los objetivos no se consiguen de la noche a la mañana. Unas veces se avanza y otras se retrocede. La metáfora del viaje refleja bien la realidad de una institución que se introduce en el mundo de los intangibles.

Las organizaciones se encuentran en diferentes etapas del camino. Algunas atesoran años de experiencia. Otras comienzan a integrar estos temas en su agenda. Seguramente muchas comparten el interés por avanzar:

---

1   Este epílogo se inspira en la conferencia pronunciada en el marco de la *Reputation Week*, que tuvo lugar en Madrid del 3 al 6 de octubre de 2023.

muchos somos "viajeros". Y, como decía Goethe, solo quien ha aprendido puede enseñar. *The Reputation Journey* de la Universidad de Navarra es solo un caso entre muchos. Pero quizá pueda ser útil para otros que también se encuentran "en camino".

El viaje se desarrolla en diez puntos. En cada uno de ellos exponemos un hito y un aprendizaje, una experiencia.

1. La inquietud

Nadie emprende un viaje sin motivo: hay que sentir un impulso o una llamada. En la Universidad de Navarra, una inquietud nos puso en movimiento en 2013. Éramos conscientes de la magnitud de los cambios que se han producido en las últimas décadas en el ámbito de la comunicación. Las innovaciones tecnológicas han provocado transformaciones culturales, nuevas formas de relacionarse y de comunicar, que han afectado profundamente también a las universidades. En una sociedad donde cada persona puede expresar su opinión, las percepciones se convierten en un factor decisivo. Ellas generan o destruyen la confianza y la reputación.

Las organizaciones se han vuelto en cierto modo vulnerables. Con la revolución digital llegó también la revolución de los intangibles. Vienen al caso las palabras de un escritor latinoamericano: "cuando pensábamos que teníamos todas las respuestas, nos cambiaron todas las preguntas". Esa era nuestra inquietud. ¿Cómo influye el nuevo escenario en el trabajo de comunicación de las universidades? ¿Hacia dónde tendríamos que ir? ¿Qué deberíamos cambiar?

Experiencia 1

Una primera experiencia nos quedó clara: la necesidad de una mirada atenta y constante al entorno (tecnológico, cultural, económico, demográfico, político, académico también, en nuestro caso). Las universidades necesitan un buen sistema de radares, que les ayude a leer e interpretar las señales que emite el mundo cambiante en que vivimos y a activar respuestas adecuadas. Muchas veces, los cambios en las organizaciones están provocados por crisis repentinas para las que no estaban preparadas. Pero, si se mira atentamente al entorno, es posible adelantarse a las crisis y ponerse en condiciones de promover el cambio por iniciativa propia. Los departamentos de comunicación ayudan a crear el sistema de radares y a liderar el cambio.

2. El descubrimiento

La inquietud nos puso en movimiento. La situación de partida respondía al aforismo griego: "sabíamos que no sabíamos". En esa tesitura, seguimos el consejo de Alfonso Nieto: cuando empiezas una investigación, entérate de quiénes son los que más saben y aprende de ellos.

En el ámbito académico, Charles Fombrun venía hablando de reputación desde 1996. Después Van Riel y otros autores publicaron obras de referencia. Pero pronto descubrimos que no hacía falta viajar a Nueva York ni a Rotterdam porque, en Madrid, un grupo de profesionales generaban conocimiento y ayudaban a las empresas a gestionar los intangibles. Son los que promovieron Corporate Excellence. En enero de 2013 mantuvimos una reunión con Ángel Alloza. Le contamos nuestras inquietudes, escuchamos su planteamiento y le hicimos una pregunta: ¿podría adaptarse a las universidades este enfoque de la reputación que se aplica a las empresas? Su respuesta fue afirmativa (de otro modo, la crónica terminaría aquí). Además, se ofreció a colaborar. De su mano llegó para nosotros el descubrimiento: el cultivo de la reputación requiere un conjunto de conceptos y una serie de prácticas que hay que aprender de modo profesional. Por suerte, podíamos partir de lo que se sabía de reputación corporativa, para adecuarlo al mundo universitario.

Experiencia 2

No hay nada más sensato que aprender de los que saben. Y esto no solo en etapas iniciales, cuando se comienza un viaje. Este principio sirve para todas las fases posteriores. Siempre hay un experto, una institución, una universidad de la que se puede aprender. De alguna manera, se trata de aplicar al desarrollo profesional los hábitos propios de la investigación: encontrar buenas fuentes, trabajar con metodología rigurosa, sacar conclusiones. En el caso de la Universidad de Navarra esta idea se concretó en la organización de congresos dedicados a la reputación. Desde el año 2015 hasta 2023 hemos celebrado siete ediciones del *Building Universities Reputation*, dos de reputación de museos y tres cursos de dirección estratégica de universidades. Por estas actividades han pasado más de 300 ponentes, académicos y profesionales, que han compartido sus valiosos conocimientos con los asistentes. En 2020, se creó el Centro de Gobierno y Reputación de Universidades, para dar estabilidad a este aprendizaje. De hecho, este libro forma parte de la colección editada por el Centro, como resultado de diferentes proyectos de investigación. Cada universidad puede encontrar el modo más adecuado de articular este deseo de aprender para innovar. Porque muchas profesiones necesitan reinventarse cada cierto tiempo. En particular, el *management* y la comunicación.

3. La brújula

Después del descubrimiento vino el *benchmarking*. Además de aprender de las empresas, había que mirar a las universidades que destacan por su excelente reputación, para identificar lo específico de nuestro sector. Descubrimos pronto que en el Reino Unido se concentra una larga experiencia universitaria internacionalmente reconocida, unida a una larga experiencia en comunicación de universidades, muy respetada también por colegas de otros países. Tuvimos la fortuna de entrar en contacto con profesionales (Louise Simpson, Mark Sudbury y Alan Ferns, entre otros) que llevaban años trabajando en el ámbito de la reputación de las universidades y que habían creado World 100, una asociación que se define como *Reputation Network*. Está formada por 50 prestigiosas instituciones de educación superior de todo el mundo. Sus actividades son espacios de conversación con colegas de universidades británicas, australianas, americanas, asiáticas, europeas. Todos estos contactos constituyen un programa de formación que nos ha proporcionado el equipamiento para el viaje: la brújula y el mapa.

Experiencia 3

Nuestra brújula señala cuatro puntos cardinales, que resumen las lecciones aprendidas de los profesionales y académicos con los que mantenemos contacto:

> › norte: la reputación solo sirve si la planteamos con sentido de servicio, con deseo de contribución al entorno de cada universidad;

> sur: la reputación se forma desde dentro hacia fuera, se ancla en la identidad, en el propósito, y se expresa en la cultura, en el trabajo ordinario de la organización;

> este: no hay reputación sin una excelente relación con todos los *stakeholders*, que han de recibir de la universidad una clara aportación de valor;

> oeste: la comunicación juega un papel esencial en el cultivo de la reputación, porque introduce hábitos de transparencia y de escucha y porque facilita el conocimiento del entorno y de los *stakeholders*.

4. Los compañeros de viaje

Afirma un conocido refrán africano: "si viajas solo, llegas antes. Si viajas con otros, llegas más lejos". Cuando te pones en movimiento, descubres que hay mucha más gente viajando, como en el camino de Santiago. Así se van formando cordadas, en las que se agrupan los caminantes que tienen un ritmo de marcha parecido. Además de Corporate Excellence y de World 100, a los que ya he mencionado, hemos tenido la suerte de encontrar otras instituciones con intereses similares: CASE (quizá la asociación universitaria más extensa del mundo), la Conferencia de Rectores de Universidades Españolas, la Fundación Europea Sociedad y Educación, así como las universidades de Manchester, Politécnica de Valencia, Piura y La Sabana, entre otras. Para nosotros ha sido importante la relación con la Universidad Pública de Navarra, porque nos ha permitido sumar fuerzas en favor de nuestra Comunidad Foral. Podemos mencionar también la colaboración con museos interesados en los intangibles, como L'Ermitage y El Prado, un caso emblemático de reputación bien gestionada. Esos contactos han sido también fuente de inspiración para nuestro Museo de Arte.

Experiencia 4

Las universidades están más orientadas a colaborar que a competir. Esto no sucede solo en la docencia y la investigación, sino también en el plano de las buenas prácticas. Además, como ha destacado Rupert Younger, el mundo de los intangibles funciona a base de redes. Uno de los lemas de CASE lo dice muy bien: *"all the boats rise with the tide"*. Todos los barcos suben con la marea. Si nos va bien a todos, nos va bien a cada uno. La búsqueda del bien común es un proyecto grande en el que todos pueden colaborar, superando los límites del puro interés individual. La pertenencia a redes locales, regionales, nacionales e internacionales es una buena estrategia para la mejora de la reputación.

5. Hitos relevantes

Hemos visto la inquietud que nos puso en movimiento, el descubrimiento del punto de destino, el proceso de aprendizaje y los compañeros de cordada. Ahora vamos a compartir algunos proyectos que tienen relación directa con la reputación. Porque para cultivar la reputación intangible hay que promover acciones tangibles, que ayuden a avanzar en la dirección correcta. Mencionaré cuatro: uno tiene relación con la contribución, otro con la identidad, el tercero con los *stakeholders* y el último con la comunicación. Remiten a los cuatro puntos cardinales que hemos mencionado antes:

› Contribución. En 2013 nace en la Universidad de Navarra una iniciativa llamada *Tantaka*, que en euskera significa "gota a gota". *Tantaka* es un "banco de tiempo solidario", en el que estudiantes, profesores y empleados ponen un poco de su tiempo a disposición de las asociaciones que operan en Navarra, en campos muy variados: inmigrantes, presos, niños con necesidades escolares, desempleados, etc. Es un voluntariado "profesional", porque los estudiantes ofrecen su colaboración en proyectos en los que pueden aplicar lo que han aprendido en las aulas: los futuros arquitectos rehabilitan viviendas, los nutricionistas colaboran con el Banco de Alimentos, los comunicadores ayudan en campañas de las ONG, los juristas ofrecen asesoramiento gratuito a personas en riesgo de exclusión... Cada curso académico, alrededor de 1.000 estudiantes y 200 profesionales cooperan en docenas de proyectos de las asociaciones. Una referencia particular merece la colaboración con los centros que se ocupan de personas con discapacidad. Se ha establecido con ellos una relación muy especial, puesto que la Universidad se constituye como centro de prácticas laborales, reconocidas por las empresas que pueden contratarlos. Con el tiempo, la fórmula del voluntariado evoluciona hacia el aprendizaje-servicio, que integra de modo orgánico en el modelo educativo este principio: todo estudiante que pasa por la universidad se tiene que llevar una idea clara, la responsabilidad de poner los conocimientos recibidos al servicio de la sociedad. *Tantaka* es un intento de contribuir de modo tangible a la comunidad más cercana. Pero en realidad, quienes dan su tiempo reciben un beneficio intangible de gran valor, adquieren convicciones y hábitos solidarios.

› Identidad. La claridad del propósito es la raíz misma de la reputación. En las universidades, la activación del propósito tiene una especial dimensión intelectual y no se puede lograr solo a través de procedimientos de gestión: hace falta encontrar el modo universitario, específico, de que la identidad sea conocida, interiorizada, compartida, aplicada. Y esto no es sencillo. En ese sentido, en la Universidad de Navarra ha sido imprescindible la contribución de un grupo de profesores, que forman el Instituto Core Curriculum. Ellos llevan adelante la reflexión sobre la misión de la Universidad como institución, la naturaleza del trabajo del profesor, la formación humanística y cultural de los estudiantes y los elementos propios de la identidad cristiana, rasgo esencial de la Universidad de Navarra. Esta reflexión se articula a través de congresos, seminarios y publicaciones, en los que participan profesores de muchas universidades. Además, el Instituto se encarga de los programas de formación de profesorado, jóvenes y veteranos. Diseña el plan de contenidos humanísticos, antropológicos y teológicos que se ofrece a los estudiantes de todas las facultades, de modo transversal. Ayuda a descubrir las implicaciones éticas de las profesiones. Es decir, no solo reflexionan sobre el propósito, sino que buscan aplicaciones prácticas en aquello que es propiamente universitario, la docencia y la investigación. De este modo, las cuestiones relativas a la identidad de la Universidad forman parte de la conversación académica de los profesores y los estudiantes, no solo de los directivos. Esto facilita que la identidad sea pensada, interiorizada, dialogada y libremente compartida.

› *Stakeholders*. Cuando se estudia la dinámica de los intangibles, enseguida se descubre la importancia de escuchar a los grupos de interés y conocer sus percepciones. En el año 2018 se diseñó en la Universidad de Navarra la "arquitectura de la escucha", por usar la expresión de Jim MacNamara. Entre 2018 y 2024 se ha trabajado sobre todo con futuros alumnos, estudiantes de grado y posgrado, antiguos alumnos;

profesores y personal de administración y servicios; donantes. En total, se han recibido respuestas de 50.000 personas. Pero, más allá de los números, lo interesante es que gracias a la escucha han llegado numerosas propuestas; y bastantes se han podido llevar a la práctica, porque no implican grandes recursos económicos. De este modo, los interesados han percibido el efecto positivo de su participación, se ha fortalecido el vínculo y se ha fomentado un proceso de innovación permanente: participación, *engagement*, innovación, valores intangibles que trazan una línea que une escucha, gobierno y reputación.

› Comunicación. El papel que se reconoce a la comunicación en el cultivo de la reputación es estratégico, e incluye diferentes aspectos. La Universidad de Navarra lleva la comunicación en su ADN. He podido comprobar en primera persona la calidad de su equipo de comunicación y, aunque podría contar muchas cosas buenas, voy a mencionar solamente un aspecto de su trabajo. Quizá es por la tradición de nuestra Facultad de Comunicación o por la positiva experiencia de muchos años, el caso es que compartimos un gran respeto por la profesión periodística y por su función social. Esta convicción se mantiene a pesar de la crisis del modelo de negocio y de los problemas de redefinición de la profesión. Seguimos considerando que, para cultivar la reputación, es esencial la colaboración de la universidad con los periodistas. Ellos necesitan expertos en temas muy variados y los expertos abundan en las universidades. La cooperación se concreta en el esfuerzo por ser fuente fiable y disponible, algo que se consigue gracias a la colaboración de los profesores. Por ilustrar con algún dato, a lo largo de un curso académico, se reciben en la Universidad más de un millar de peticiones de periodistas. En ese mismo arco de tiempo, los profesores publican alrededor de doscientos artículos de opinión en diferentes medios. Pienso que los números son elocuentes y expresan el compromiso y la dedicación que hay detrás. Por lo demás, el trabajo que se realiza en este campo supone una contribución a la sociedad muy característica de la universidad y constituye un valioso indicador de reputación.

6. Las dificultades

Los viajes son siempre emocionantes. A veces surgen contrariedades: alguien se lesiona, se extravía o se acaban las provisiones. También en el proceso de cultivo de la reputación aparecen obstáculos, por eso tienen su espacio en esta crónica. Si estamos convencidos de que la reputación se forma desde dentro hacia fuera, es lógico que las dificultades surjan sobre todo dentro de la universidad. Mencionaremos tres:

> › la primera es la ausencia de inquietud, la falta de sensibilidad por parte de quienes dirigen una organización ante los intangibles, ante las señales del entorno, ante las percepciones de los *stakeholders*. Es una queja clásica de los directores de comunicación y, en ocasiones, por desgracia también de los directores de personal: los altos directivos tienen otras prioridades, o no valoran estas áreas. Y sin sensibilidad, no hay viaje;

> › otra dificultad frecuente es la tradicional resistencia al cambio, rasgo característico aunque no exclusivo de las universidades. Introducir ideas o prácticas nuevas es una tarea siempre difícil y a veces ingrata. No raramente se empieza a trabajar con cierto entusiasmo, pero cuando llegan propuestas de cambio, los proyectos se estancan;

> › por último, el miedo a perder el control, a la transparencia, a la participación de los *stakeholders* en la toma de decisiones. Esta dificultad detiene mejoras organizativas que podrían reportar grandes beneficios reputacionales.

Podríamos mencionar otros problemas, pero quizá estos tres sean suficientemente ilustrativos.

Experiencia 5

Antes que nada hay que recordar que las dificultades son de ordinaria administración, como el pan nuestro de cada día. Cuando aparecen, no tiene mucho sentido extrañarse ni lamentarse. Más bien se trata de desarrollar dos capacidades necesarias para superarlas:

> › la de argumentar con datos y convencer a quienes toman decisiones del valor que aportan los intangibles. Esta cualidad está unida a una herramienta: un buen cuadro de mando, un *set* de métricas, porque los datos, tanto o más que las palabras, forman el lenguaje del gobier-

no. Es fundamental determinar qué queremos medir y cómo vamos a hacerlo. En este sentido, para la Universidad de Navarra fue útil el estudio de medición del impacto tangible e intangible en el entorno, que realizó una empresa independiente. Puso números a la contribución y sirvió también para entender en qué podíamos mejorar;

> la segunda cualidad es la paciencia, porque –como se ha dicho– la reputación se puede perder en poco tiempo, pero cuesta una vida merecerla. En este viaje no existen los atajos. Saber esperar y encontrar el momento son dos cualidades directivas muy necesarias.

7. Los momentos de la verdad

Las dificultades son de ordinaria administración. Pero de vez en cuando se presentan situaciones extraordinarias, momentos de crisis, que ponen a prueba a las organizaciones: son el momento de la verdad. Las crisis son un desafío para la reputación, sus efectos la pueden debilitar o reforzar.

Tenemos todavía muy vivo el recuerdo del covid-19, una crisis global, prolongada y compleja. Entender lo que pasaba y reaccionar adecuadamente no era nada fácil. Nunca habíamos experimentado nada parecido (Echevarne, 2023). El manual de gestión de crisis es necesario, porque ayuda a no perder la lucidez y la prevención es aún más importante. Pero si la crisis llega cuando el propósito no es claro, la cultura corporativa es débil o la comunicación no funciona, hay poco que hacer. Solo esperar a que pase la tormenta y remediar después los daños causados.

Experiencia 6

De la crisis del covid-19 y de otras anteriores de diferente naturaleza que afectaron a la Universidad de Navarra, podemos destacar un aprendizaje que tiene que ver con los intangibles: la importancia del liderazgo. La palabra *gobierno* procede del término latino *"gubernaculum"*, que significa timón. Esta etimología siempre me viene a la cabeza en los momentos de crisis: cuando una empresa, una organización, una universidad, atraviesa un momento de crisis, la gente necesita saber que hay alguien al timón. Nadie espera que el timonel haga el milagro de calmar la tormenta. Pero todos los *stakeholders* están más tranquilos si saben que el barco no navega a la deriva. Los momentos de la verdad ponen a prueba a toda la organización, y la respuesta procede de todos sus componentes, pero el papel del líder en esas situaciones es crítico. No me refiero al liderazgo como una cualidad exclusivamente personal, sino al liderazgo colectivo, responsable, compartido de los equipos de gobierno. Como señala Alfonso Sánchez-Tabernero, para las universidades es un desafío que la calidad del gobierno esté, al menos, a la altura de la calidad de la docencia y la investigación, que suele ser muy alta.

8. La transformación del viajero

Uno de los efectos del viaje es que la experiencia transforma al viajero. Le amplía la mirada, le ayuda a conocer otros paisajes, multiplica sus relaciones. Sabemos que para mejorar la reputación hay que mejorar primero la realidad de la institución. Clarificar el propósito, consolidar la cultura, cuidar las relaciones, cualificar el servicio que presta. Todos estos verbos implican una transformación paulatina de la organización, que no puede producirse si el objetivo no es compartido por todos sus componentes. De hecho, en los proyectos que hemos mencionado y que han influido positivamente en la reputación de la Universidad de Navarra han participado profesores y estudiantes, directivos y empleados, *alumni*, amigos y empresas colaboradoras.

Experiencia 7

Hay una convicción que nos ha quedado clara después de la pandemia: las personas y las organizaciones se necesitan unas a otras. Las universidades necesitan a las autoridades públicas, a las empresas, a los colegios; las familias, la sociedad y las empresas necesitan a las universidades. Recuerdo un artículo de la *Harvard Business Review* –*Managing your boss*– que afirma: "en la relación con tu jefe nunca olvides que él te necesita y que tú lo necesitas". Algo análogo se podría decir sobre el cultivo de la reputación de una universidad: requiere la participación de todos sus componentes, empezando por los profesores y personal de administración y servicios. Todos son protagonistas y embajadores de la reputación.

9. Los aprendizajes

Algunos aprendizajes han salido ya al hilo de las experiencias que hemos mencionado. Para completar la crónica, haré uso de las conclusiones de las tesis doctorales que han defendido en el año 2023 tres protagonistas de este viaje:

> para viajar necesitamos conocer el destino y el camino. Es decir, cada universidad ha de saber qué entiende por reputación, qué posicionamiento desea, cómo se va a organizar. Cada universidad diseña su propio plan, su cuadro de mando, adecuado a sus recursos y oportunidades. Aquí todo es a medida, no hay *prêt-à-porter* (Fernández-Gubieda, 2023);

> en el viaje hay que mantener a la tripulación unida. Gobierno, gestión y comunicación necesitan trabajar de forma coordinada, al servicio de los *stakeholders*. La reputación es en realidad un fruto de la coherencia y de la consistencia y no es posible lograrla sin la integración de esas tres dimensiones: directiva, operativa y comunicativa. El reto es articular esa colaboración de manera que decisiones, acciones y relato estén alineados (Echevarne, 2023);

> durante un viaje hay que pensar en el corto y en el largo plazo. Reputación y sostenibilidad están íntimamente unidas. La sostenibilidad de la universidad es posible cuando las universidades ven la contribución a la sociedad como parte esencial de su identidad, su misión y su propósito. De este modo las universidades pueden ser agentes activos en el logro de su propia sostenibilidad y de la sostenibilidad de la sociedad en su conjunto (Gaete, 2023).

10. ¿Y la meta?

Para terminar, podemos preguntarnos dónde acaba este viaje, si es que acaba. Quizá la respuesta correcta sería que en realidad el camino es el destino. La meta es precisamente mantenerse en movimiento, no perder la inquietud, conservar el afán de aprender y de innovar, el deseo de servir a la sociedad que nos ha confiado esa gran responsabilidad que es la educación universitaria. Esto se consigue, como explica Anne Gregory, cuando los aprendizajes que hemos mencionado se incorporan a la cultura corporativa y perduran en el tiempo.

Hasta aquí el resumen del viaje del aprendizaje. Termino con una anécdota personal. En las calles de Roma he visto los carteles de una campaña para la mejora de la formación profesional, que tiene este lema: *"trasforma la tua passione in un lavoro"*. Con estas palabras se invita a los estudiantes a convertir su afición preferida en un empleo. Pienso que podríamos reformular esa frase, a nuestra medida: "convierte tu trabajo en una pasión". Carlos Llano, gran experto de *management,* sostenía que no se ha hecho nada grande en este mundo sin pasión.

Ojalá esta crónica contagie, más que una inquietud, una pasión, una sensibilidad hacia los intangibles que se exprese en acciones tangibles. Por experiencia puedo asegurar que, con mentalidad de "viajero", el camino se hace ameno y divertido.

Léxico de la reputación

(Diccionario de la Real Academia de la Lengua Española, 2014)

Palabras que describen el proceso de formación de la reputación

1. Identidad
   › Conciencia que una persona tiene de ser ella misma y distinta a las demás.
   › Conjunto de rasgos propios de un individuo o de una colectividad que los caracterizan frente a los demás.

2. Cultura
   › Conjunto de modos de vida y costumbres, conocimientos y grado de desarrollo artístico, científico, industrial, en una época, grupo social, etc.

3. Discurso
   › Serie de palabras y frases empleadas para manifestar lo que se piensa o se siente.
   › Lenguaje en acción, especialmente el articulado en unidades textuales.

4. Relación
   › Conexión, correspondencia, trato, comunicación de alguien con otra persona.

5. Conversación
  › Acción y efecto de hablar familiarmente una o varias personas con otra u otras.

6. Percepción
  › Sensación interior que resulta de una impresión material hecha en nuestros sentidos.
  › Conocimiento, idea.

7. Imagen
  › Conjunto de rasgos que caracterizan a una persona o entidad ante la sociedad.
  › Figura, representación, semejanza y apariencia de algo.

8. Reputación
  › Opinión o consideración en que se tiene a alguien o algo.
  › Prestigio o estima en que son tenidos alguien o algo.

9. Autoridad
  › Prestigio y crédito que se reconoce a una persona o institución por su legitimidad o por su calidad y competencia en alguna materia.

Otros términos relacionados

1. Calidad
  › Adecuación de un producto o servicio a las características especificadas.
  › Buena calidad, superioridad o excelencia.
  › Propiedad o conjunto de propiedades inherentes a algo, que permiten juzgar su valor.

2. Confianza
  › Esperanza firme que se tiene de alguien o algo.

3. Credibilidad
  › (Cualidad de lo) que puede o merece ser creído.

4. Cualidad
> › Elemento o carácter distintivo de la naturaleza de alguien o algo.
> › Calidad, condición o naturaleza de algo o de alguien.

5. Estatus
> › Posición que una persona ocupa en la sociedad o dentro de un grupo social.

6. Expectativa
> › Posibilidad razonable de que algo suceda.
> › Esperanza de realizar o conseguir algo.

7. Experiencia
> › Hecho de haber sentido, conocido o presenciado alguien o algo.
> › Práctica prolongada que proporciona conocimiento o habilidad para hacer algo.
> › Conocimiento de la vida adquirido por las circunstancias o situaciones vividas.

8. Intangible
> › Que no debe o no puede tocarse.

9. Legitimidad
> › (Cualidad de lo) cierto, genuino y verdadero en cualquier línea.

10. Marca
> › Señal que se hace o se pone en alguien o algo, para distinguirlos, o para denotar calidad o pertenencia.

11. Prestigio
> › Pública estima de alguien o de algo, fruto de su mérito.
> › Ascendiente, influencia, autoridad.
> › Engaño, ilusión o apariencia con que los prestigiadores emboban y embaucan al pueblo.

12. Propósito
> › Ánimo o intención de hacer o no hacer algo.

> › Objetivo que se pretende conseguir.
> › Aquello que se desea "voluntaria y deliberadamente".

13. Recomendación
> › Alabanza o elogio de alguien para introducirlo con otra persona.
> › Autoridad, representación o calidad por la que algo se hace más apreciable y digno de respeto.

14. Relevancia
> › Importante, significativo. Sobresaliente, destacado.

15. Valor
> › Cualidad que poseen algunas realidades, consideradas bienes, por lo cual son estimables.
> › Grado de utilidad o aptitud de las cosas para satisfacer las necesidades o proporcionar bienestar o deleite.
> › Alcance de la significación o importancia de una cosa, acción, palabra o frase.

Bibliografía

Alloza, A. (2012). La evolución de la gestión de los intangibles en España. *Harvard Deusto Business Review, 217*, 26–38. https://dialnet.unirioja.es/servlet/extart?codigo=4061662

Argenti, P. A., González-Besada, J. L., Ancos, M. de, & Vicente, I. (2014). *Comunicación estratégica y su contribución a la reputación.* (1a ed.). LID

Arrese, A. (1995). *La identidad de The Economist.* EUNSA. https://www.researchgate.net/publication/326415042_La_identidad_de_The_Economist

Balmer, J., & Greyse, S. (2003). *Revealing the corporation: perspectives on identity, image, reputation, corporate branding, and corporate-level marketing.* Routledge

Barnett, M., Jermier, J., & Lafferty, B. (2006). Corporate Reputation: The Definitional Landscape. *Corporate Reputation Review, 9*(1), 26–38. https://doi.org/10.1057/palgrave.crr.1550012

Barnett, M., & Pollock, T. (2012). *The Oxford handbook of corporate reputation.* Oxford University Press. https://doi.org/10.1093/oxfordhb/9780199596706.001.0001

Bennis, W. G., & Nanus, B. (1986). *Leaders: Strategies for Taking Charge.* Harper

Browning, N. (2017). *Who Can You Trust? How Technology Brought Us Together and Why It Might Drive Us Apart*

Carreras, E., Alloza, Á., & Carreras, A. (2014). *Reputación corporativa. LID*

Carroll, C. E. (2013). *The handbook of communication and corporate reputation.* Wiley-Blackwell. http://www.loc.gov/catdir/enhancements/fy1301/2012037004-t.html

Chun, R. (2005). Corporate reputation: Meaning and measurement. *International Journal of Management Review, 7*(2), 91–109.https://doi.org/10.1111/j.1468-2370.2005.00109.x

Cierva, Y. de la. (2015). *Comunicar en aguas turbulentas: un enfoque ético para la comunicación de crisis.* (1a ed.). EUNSA

Cornelissen, J. (2011). *Corporate communication: a guide to theory and practice.* SAGE

Covey, S. R. (1989). *The seven habits of highly effective people: restoring the character ethic.* Free Press

Davies, G. (2013). In support of personality as a measure of reputation: A rejoinder to Clardy's 'Organizational Reputation: Issues in Conceptualization and Measurement'. *Corporate Reputation Review, 16*(2), 168–173. https://doi.org/10.1057/crr.2013.7

Davies, G., Chun, R., da Silva, R. V, & Roper, S. (2001). The Personification Metaphor as a Measurement Approach for Corporate Reputation. *Corporate Reputation Review VO - 4, 2,* 113

Davies, G., Chun, R., da Silva, R. V, & Roper, S. (2004). A Corporate Character Scale to Assess Employee and Customer Views of Organization Reputation. *Corporate Reputation Review. VO - 7, 2,* 125. https://ezproxy.unav.es/login?url=https://search.ebscohost.com/login.aspx?direct=true&AuthType=ip,url&db=edsbl&AN=RN152668605&lang=es&site=eds-live&scope=site

Delahaye, K. (2011). *Measure What Matters: Online Tools For Understanding Customers, Social Media, Engagement, and Key Relationships.* Wiley

Devers, C. E., Dewett, T., Mishina, Y., & Belsito, C. A. (2009). A general theory of organizational stigma. *Organization Science VO - 20, 1,* 154

Dowling, G. R. (2016). *Winning the reputation game.* MIT Press

Drucker, P. F., & Prats, L. (1972). *La gerencia de empresas.* (6a ed.). Editorial Sudamericana

Echevarne, B. (2023). *Covid-19: Gobierno y Comunicación en la Universidad de Navarra al servicio de los stakeholders.* Universidad de Navarra. Tesis defendida

Eisenegger, M. (2009). Trust and reputation in the age of globalisation. In *Reputation Capital: Building and Maintaining Trust in the 21st Century.* Springer Netherlands. https://doi.org/10.1007/978-3-642- 01630-1_2

Fernández-Gubieda, S. (2023). *Una experiencia memorable: cómo cultivar la reputación de las universidades.* EUNSA

Fombrun, C. (1996). *Reputation: realizing value from the corporate image.* Harvard Business School Press. http://lib.ugent.be/catalog/rug01: 000960717

Fombrun, C., & Shanley, M. (1990). What's in a name? Reputation building and corporate strategy. *Academy of Management Journal, 33*(2), 233–258

Fombrun, C., & Van Riel, C. (1997). The Reputational Landscape. *Corporate Reputation Review, 1*(1), 1–16

Freeman, R. E. (2009). *Stakeholder theory: the state of the art.* Cambridge University Press

Fukuyama, F. (1995). *Trust: the social virtues and the creation of prosperity.* The Free Press

Gaete, M. (2023). *University, Sustainability, and Reputation: Sustainability as a Strategic and Reputational Pillar in the Fifth Generation of Universities – Case Studies of the University of Manchester (United Kingdom) and the HSE University (Russia).* Universitat Internacional de Catalunya. Tesis defendida

Gregory, A. (2010). *Planning and managing public relations campaigns* (3 ed.). Kogan Page Limited

Gregory, A., & Willis, P. A. (2013). *Strategic public relations leadership.* Routledge

Gutiérrez-García, E. (2010). Dimensión comunicativa del buen gobierno empresarial. *Revista Empresa y Humanismo, 13*(2), 149–182

Halpern, P., & Lobos, F. (2018). *¿Desprestigio Empresarial? Cómo restaurar la confianza*. Ediciones El Mercurio. https://www.amazon.com/¿Desprestigio-empresarial-restaurar-confianza-Spanish-ebook dp/B07KFLGL4K

Jsensen, M. (2017). Book review: *The Reputation Game: The Art of Changing How People See You. Waller, David, & Younger, Rupert*. Oneworld Publications; MMP edition

Klewes, J., & Wreschniok, R. (2009). *Reputation Capital. Building and Maintaining Trust in the 21st Century*. Springer Netherlands. https://doi.org/10.1007/978-3-642-01630-1

Kotter, J. (1996). *Leading Change*. Harvard Business School Press

Kotter, J. (2016). Leading changes: Why transformation explanations fail. *Harvard Business Review. Leadership, 12*(4), 59–67. https://doi.org/10.1177/1742715015571393

Llano, A. (1988). *La nueva sensibilidad*. (2a ed.). Espasa-Calpe

Lostao, P. (2015). Strategic managment of university reputation. In J. M. Mora (Ed.), *Universities' reputation* (pp. 45–50). EUNSA. https://ebookcentral.proquest.com/lib/unav/reader.action?docID=5514078

Macnamara, J. (2018). A Review of New Evaluation Models for Strategic Communication: Progress and Gaps. *International Journal of Strategic Communication, 12*(2), 180–195. https://doi.org/10.1080/1553118X.2018.1428978

Meyer, C., & Kirby, J. (2010). Leadership in the age of transparency. *Harvard Business Review, 88*, 38–46

Mora, J. M. (2009). Dirección estratégica de la comunicación. In J. M. Mora (Ed.), *10 ensayos de comunicación institucional*. EUNSA

Mora, J,M (Ed.). (2015), *Universities' reputation*. EUNSA

Mora, J. M. (2020). *El valor de la reputación*. EUNSA. https://www.eunsa.es/libro/el-valor-de-la-reputacion_105797/

Mora, J. M., & Gaete, M. (2021). Cultivating a University's Reputation beyond the Rankings. *Higher Education in Russia and Beyond (HERB), 28*(3), 5–8.

https://herb.hse.ru/data/2021/06/21/1426826886/1HERB_28_print.pdf #page=6

Naval, C. (2015). Reputation, quality and success in education. In J. M. Mora (Ed.), *Universities' Reputation* (pp. 23–33). EUNSA. https://ebook-central.proquest.com/lib/unav/detail.action?docID=5514078#goto_toc

Origgi, G. (2018). *Reputation. What it is and why it matters.* Princeton University Press

Pérez López, J. A. (1993). *Fundamentos de la dirección de empresas.* Rialp

Picci, L. (2011). *Reputation-Based Governance* (1st ed.). Stanford University Press. https://doi.org/10.2307/j.ctvqsdq7z

Pieper, J. (2017). *Las virtudes fundamentales* (12th ed.). Rialp

Ponzi, L. J., Fombrun, C. J., & Gardberg, N. A. (2011). RepTrak pulse: Conceptualizing and validating a short-form measure of corporate reputation. *Corporate Reputation Review, 14*(1), 15–35. https://doi.org/10.1057/crr.2011.5

Ravasi, D., Rindova, V., Etter, M., & Cornelissen, J. (2018). The Formation of Organizational Reputation. *Academy of Management Annals, 12*(2), 574–599. https://doi.org/10.5465/annals.2016.0124

Real Academia Española. (2014). *Diccionario de la lengua española*

Rey, C., Bastons, M., & Sotok, P. (2019). *Purpose-driven Organizations. Management Ideas for a Better World.* (1st ed.). Springer International Publishing

Sadlak, I. (2015). Universities' Reputation. Foreword. In J. M. Mora (Ed.), *Universities' Reputation* (pp. 11–14). EUNSA

Schein, E. H. (2004). *Organizational culture and leadership.* (3rd ed.). Jossey-Bass

Schwartz, S., & Bilsky, W. (1987). Toward A Universal Psychological Structure of Human Values. *Journal of Personality and Social Psychology, 53,* 550–562. https://doi.org/10.1037/0022-3514.53.3.550

Shakespeare, W. (1603). *Othello* (2019th ed.). Amazon Digital Services LLC - KDP Print US. https://books.google.es/books?id=_FPIxQEACAAJ

Suchman, M. C. (1995). Managing Legitimacy: Strategic and Institutional Approaches. *The Academy of Management Review, 20*(3), 571–610. https://doi.org/10.2307/258788

Thompson, K. (2009). The role of corporate and personal reputations in the global war for talent. In J. Klewes & R. Wreschniok (Eds.), *Reputation Capital: Building and Maintaining Trust in the 21st Century* (pp. 72–81). Springer Netherlands. https://doi.org/10.1007/978-3-642-01630-1_6

Walker, B., & Soule, S. (2017). Changing Company Culture Requires a Movement, Not a Mandate. *Harvard Business Review.* https://hbr.org/2017/06/changing-company-culture-requires-a-movement-not-a-mandate

Walker, K. (2010). A Systematic Review of the Corporate Reputation Literature: Definition, Measurement, and Theory. *Corporate Reputation Review, 12*. https://doi.org/10.1057/crr.2009.26

Elementos gráficos
del contenido